Spiritual Culture
青心文化

在阅读中疗愈·在疗愈中成长

READING&HEALING&GROWING

非暴力沟通的青春期亲子实践手册

扫码关注，回复书名，聆听专业音频讲解，
帮助父母与孩子共同成长，顺利度过青春期！

青春期的
非暴力沟通

아이는 사춘기 엄마는
성장기

〔韩〕李仑静 〔韩〕金到炯 I 著

崔圣花 I 译

中国青年出版社

目　录

推荐序
用同理心去接纳和理解你的孩子

畅销书作家　金韵蓉

我是一名儿童行为治疗师，在我接受的诸多个案中，有很多是青春期孩子们的家长，他们想要知道"为什么我的孩子整天和我对着干？""为什么我的孩子不和我说话？""为什么孩子的性格现在变得如此怪异？"等等。从心理学的角度来讲，如果你的孩子在这个阶段出现一些行为异常的现象，其实不用太紧张。但青春期，作为一个特殊的生理发育时期，如果的教育方式不当，也会给孩子的身心健康带来很大的隐患。所以，我通常会建议家长，在这个阶段，你要尝试改变自己的教育方式，尤其是沟通方式，甚至是思考方式。

《青春期的非暴力沟通》这本书为我们提供了另外一种选择，那就是，我们可以俯下身，平等地与孩子沟通，聆听孩子们的所思所想，理解并尊重孩子。作者正是因为孩子的问题，开始学习非暴力沟通，并成为一名非暴力沟通认证培训师，从此开始帮助更多与她有过相同经历和困惑的妈妈们。她所运用的原则，就是非暴力沟通的核心：去同理地倾听，去看到孩子行为背后的需要，给予孩子足够的尊重，与孩子之间建立平等协作的关系。

在孩子小的时候，很多家长都喜欢用强制或命令的方式让他们干这做那，孩子处于弱势的一方，出于对父母的爱或者是恐惧，只能选择服从。家长的这种教育和沟通方式即使粗暴简单，但由于对小孩子来说很有效，于是作为一种便利的手段，被很多人使用并推崇。可是到了青春期，从生理上，孩子已经足够强大到可以与家长对抗，从心理上，孩子的自我意识变得强烈，不愿再被他人左右，他们不愿意再听父母的唠叨和管制，开始对爸爸妈妈说"不"。过去他们有多压抑，现在反抗就有多强烈。家长们不明白为什么一向听话的孩子一夜之间变成了"刺头"，以往的关系模式被打破，家长反而变得不知所措。

身为家长，如果在孩子这一特殊阶段依然想要维持自己的权威地位和形象，沿用以前粗暴的方式来教育孩子，很可能会招致孩子更强烈的逆反和对抗，只会让双方的关系愈来愈恶劣。本书作者，以自己养育三个青春期孩子的故事为例，从妈妈、孩子与非暴力思维这三个角度来引导家长，如何在与青春期子女出现问题或者冲突时，更多地去同理孩子，在与孩子建立充分连接与信任后，再寻找一种策略，满足彼此的需要，有效化解冲突。书中"妈妈日记""孩子日记""非暴力沟通思维"，让我们洞悉处于青春期的孩子与他们的父母们最真实的想法，并且看到一些非常具有实操性的方法和沟通技巧。

我希望通过本书能够对家里有青春期孩子的家长们有所启发，更希望在日常生活中，我们能用同理心的力量来感化身边的人，享受一个充满爱的世界！

自序

2010 年 3 月，在韩国出版这本书之后，2013 年 8 月，我收到在中国出版本书的建议。那时候，我没有想到我会与中国有这么深的缘分。而如今，我已经成为了中国最有经验的非暴力沟通国际认证讲师。

时隔 10 年，该书在中国出版修订版，我的内心充满了感动、喜悦和感激，想起之前在工作坊中见过的许多中国朋友，真是感慨万千。

人生真是太奇妙了！从 2014 年在北京开办工作坊之后，我先后在杭州、烟台、大连、天津、内蒙古、上海等地以多种主题的工作坊与中国朋友们见面，我渐渐对中国产生了好奇心，对中国的历史文化以及中国人越来越感兴趣。现在，我带着使命感往返于中国和韩国，与中国朋友们定期见面。

在此过程中，我没有想到学生时代无意接触到的孔子、孟子、庄子的教诲和汉字对我来中国的工作会有这么大的帮助。

在举办工作坊的过程中，我感受到了许多中国父母的痛苦，并带着爱意去看待他们的苦恼。在激烈的社会竞争中，父母对子女成功的渴望，子女对父母的孝心和现实之间的矛盾，以及父母对自己晚年生活的担忧等……韩国和中国有共同的苦恼。

我想在韩国和中国分享和传播非暴力沟通，让大家用这种方法来化解冲突，消除苦恼，从而让更多的人变得更平和、更幸福，特别是在家庭里……

在养育孩子的过程中，子女在不断地成长和变化，但是父母的意识中仍然固守着孩子小时候乖巧、顺从的印象，依然我行我素，无视孩子的需要，动不动冲孩子大吼大叫，频频伤害孩子。但是，在伤心的父母背后有更心痛的子女。特别是当子女到了青春期，父母和子女之间的伤害和冲突会达到白热化。

青春期子女的态度让父母感到陌生和惊慌，为了让孩子恢复到以前的那种状态，开始说一些暴力和攻击的语言，子女对于不能同理自己的父母，采取以暴治暴的方式来对抗。于是，父母和子女之间的关系越来越紧张。父母被女子的行为和语言伤透了心而痛哭，子女因无人能够理解自己而痛哭。

我在与处于青春期的两个儿子的相处中，实践非暴力沟通并不是件容易的事情。一些简单的道理和儿子说不通的时候，我也会产生深深的挫败感，有时出于责任心而盲目介入他们的生活，结果适得其反。有时因为在沟通中不清晰，会很容易造成混乱。当我和孩子无法心平气和地沟通时，需要的表达对工作也造成严重干扰，开办工作坊授课时也无法全身心投入。多亏有非暴力沟通，我现在与两个儿子之间维持着和其他家庭不一样的亲密感，彼此坦诚沟通、互相理解，家庭氛围轻松有爱。我自己的经历让我知道，当我们不再互相评价，与需要的美好能量连结时，我们才能恢复和平的本性，并用怜悯之心拥抱自己和他人。

真诚地希望青春期的子女和父母可以和平共处。我们在任何情况下都能找到相互同理、相爱的方法，当你放弃寻找这种方法时，就会陷入矛盾和冲突中，希望本书的问世能够帮助处于青春期子女困扰中的父母早日脱离苦海。人一生中只会经历一次青春期，父母不妨片刻停留脚步，用心倾听他们的心声，把注意力放在他们的感受、同理他们的需要，塑造一个能够让孩子安心休息、感受幸福、补充力量的家庭。

在此，对向我提议出版这本书的吕娜女士和中国青年出版社表示感谢。

另外，对一直讨论非暴力沟通意识并进行翻译的圣花，一直以来在中国主办我的工作坊的李迪、娅锦、小满、田福、豌豆、文霞、林铁、魏军、阿春、李君、明月、星星、孟川、孙笑表示深深的感谢。还有，向担任工作坊同声传译工作的朴延华、玄爱善、崔圣花、杨丹、方贤珠也表示感谢。

另外，为在中国努力开展非暴力沟通的国际认证讲师刘轶和实践非暴力沟通的人（NVC-er们）加油。

这本书是我经历过的爱和连结的实践，谨以此书献给中国的所有父母们。

李仑静

2021 年 1 月首尔

第一部
以非暴力沟通与青春期
孩子沟通

第一章

为什么需要非暴力沟通?

妈妈日记

妈妈也很累!

有人说,子女的青春期比虎患、天花更可怕,而对于我来说,孩子们的青春期曾经让我非常困惑和痛苦。虽然我自己好像没有度过这样"可怕"的青春期,但是我家的孩子们怎么这么"特殊"……

我有三个孩子,高中二年级的民赫、初中三年级的艺瑟、还有最小的初中二年级的民宇,他们三个现在都处在青春期。我的三个孩子让我感受到什么叫作树欲静而风不止,他们接二连三地出现青春期特有的行为和感情,令我感到疲倦和孤独。

每当我感到极度疲倦时，就会对孩子们更加严厉，隐藏在内心连我自己都觉察不到的暴力倾向便会不知不觉地浮现。明明知道说狠话不能使自己心里舒畅，但我为什么还会说出如此残忍的话呢？在养育孩子的过程中，我发现自己变得越来越粗暴，这让我感到很痛苦，我想停止这一切。

在寻求解决方法的过程中，我了解到了"非暴力沟通"。"非暴力沟通"简介中的"怜悯"一词深深地吸引了我。怜悯……我想，也许当我心存怜悯之心时，就不会对孩子恶语相加，当对自己产生怜悯之心时，就能抚慰自己疲惫、孤独的内心。

于是，我开始学习非暴力沟通，如实地看和听，在那种状态下关注自己的感受，觉察自己真正的需要是什么，为什么会有这种感受，然后向对方提出请求。我感觉到自己在逐渐发生变化，注意力也逐渐放在自己的感受和需要上。我可以从容地看到孩子们的内心，可以同理自我，我的内心也开始变得平和。当我在日常生活中践行这种沟通方法取得成效时，我内心会感到满足和自豪，但有时反复使用也无法达到预期效果时，我也会感到沮丧和难过。但是值得庆祝的是，我能够时时刻刻对自己说出的话保持觉知。

孩子日记

妈妈的话就像刀割一般。

痛苦！恐怖！真的不想再回忆，但这就是我内心的真实状况。为什么要让我经历这种痛苦？昨天妈妈说的话就像刀割一样。

我逐渐变得消沉。学习、人际关系甚至所有事情都不能激发我的热情。我不能自由地表达，不能有自己的计划，我觉得自己就是白痴，是傻瓜，我是妈妈随意操控的存在。我觉得自己就像牢房里的囚犯一样，内心感到无比孤独和凄凉。我不想再说话，也不想再做任何事情。

我甚至怀疑自己为什么要来到这个世界？别的孩子也会像我一样这么痛苦吗？虽然与那些肉体承受痛苦的孩子相比，我应该感到满足，但是我内心却并不觉得幸福。我希望有人能理解我的心，能够疗愈我的伤口，能够真正带给我幸福和快乐。

书上经常提到，人应该忘却烦恼回味幸福，应该转换模式，但是这么做却不能让我的伤口得到疗愈。现在妈妈眼里只有学习，她对我有太多的要求，而她自己却感受不到，我想我无法满足她的所有要求。

可能每个人都曾想过"我为什么活着？我该如何承受这些痛苦？"我能够充分体会他们的这种感受，我想真正的幸福应该是没有父母的任何监视、任何检查的自由生活吧。当然，我说的可能也不完全正确，但对于我来说，幸福就是可以获得这种自由。现在我最想对妈妈说的一句话是，"我不知道自己为什么要这样活着？为什么认错的总是我？为什么我逃不出妈妈的掌心？"

非暴力沟通思维

维持人性的对话方法

在我进行各种人际关系项目的过程中，意外地发现人们经常会因为家人而受伤害，特别是受到来自父母的伤害，这往往会影响他们的一生。我见过年过 50 的人由于没能感受过母爱而伤心难过，也见过由于没能享受到父爱而不能尽到责任的父亲。

在以中年父亲为对象开展的为期一个月的非暴力沟通工作坊中，一位学员讲述了他 7 岁时看到父亲用铲子打母亲的场景，当时他感到非常害怕，最终选择逃跑。直到他中年，依然无法消除对父亲的厌恶和恐惧，一直回避和父亲见面。

我们在成长过程中，会不知不觉地被暴露在暴力场景中甚至是亲身经历其中。这种暴力对于我们维持温暖有爱的人性有着非常大的阻碍作用。有时，理所当然地接受暴力会使人变得更加抑郁和不幸。那么，想要过上非暴力的人生到底需要哪些条件呢？

"很想打死他算了。"

一位有两个中学生儿子的母亲在参加亲子教育工作坊的第一天，向我们讲述了她的经历："有时候我想打死他算了，但是我不能真的打死我的孩子呀。我觉得太累了！不止一次后悔为什么要生孩子。我快要疯掉了。如果我参加了这次工作坊，就能变成好妈妈吗？请您帮帮我！"

看着这位妈妈在工作坊中讲述时，努力忍住眼泪的样子，其他妈妈都忍不住流下眼泪。

工作坊中一部分子女还未经历过青春期的父母可能会反问："我怎么可能有想打死自己孩子的念头呢？"但试想一下，是何等的痛苦能让一位母亲声泪俱下地说出这样的话。

对于那些孩子正值青春期的父母而言，在面对孩子不断发生变化时，会感到非常惊慌和不知所措。他们不再是乖巧听话的孩子，也不再向妈妈问东问西，再也不会以充满好奇的眼神看待世界，也不再依赖得到父母的照顾。大部分情况下，他们会粗暴地对抗，会变得极具攻击性和情绪化。为什么青春期的孩子会如此折磨父母呢？

处于青春期的孩子虽然他们没有成年但也不再是孩子，他们有时候会做出非常荒唐甚至危害社会的事情。他们的行为具有不可预测性，父母也很难管得住他们。

现在孩子的营养很好，各种动物的荷尔蒙、食品添加剂、快餐等让孩子的青春期逐渐低龄化，社交媒体的普及等因素也促进了孩子的性早熟。

难怪说神和宇宙都不能阻拦青春期。

据大脑科学家的研究，处在青春期的青少年的大脑运作方式与成人不同。他们的所做所想之所以与大人不同，是因为他们的大脑并不是完全成形的状态，而是处于正在成形的过程中。过去普遍认为人到了青少年时期大脑的发育会停滞不前，但据最新研究成果，处在青春期，大脑会发生剧烈变化并再次发育。在大脑发育的过程中，孩子会做出很多冲动的行为。虽然他们不断与周围人发生冲突，令家人感到倍受折磨，但如果你了解了青春期是脑部再次发育的时期的观点的话，可以使我们认识到青春期的重要性，并且理解孩子们所做出的行为的原因。

因此，在这种重要的时期，父母的角色尤为重要，如果此时父母和子女之间能够进行实时沟通，其影响远远大于任何时期的子女成长。由于青春期子女的体力远远超越父母，因此父母相较暴力行为经常会采用语言暴力。就像前面叙述的例子，当妈妈心怀一种厌恶的情绪对待子女时，孩子会在心理上经历严酷的暴力。

暴力不仅仅包括肉体的酷刑，通过语言或态度表现的暴力也会给人留下伤痕。肉体留下的伤疤可以用药物或手术治疗，但内心留下的伤疤很难治愈。让我们想想，我们是否仗着自己是父母而对子女实施过暴力？

培养在痛心疾首时仍然维持人性的对话方法

"曾用充满好奇心的眼神望着我，曾对我问东问西的孩子，不再像我的孩子。"这是父母对青春期子女的描述。

"以扭曲的眼光看待事物，善于批判大人。"

"无法忍受心中的怒火，容易发脾气和顶撞。"

"对不允许做的事情更加感兴趣，对要求做的事情一拖再拖。"

"无法忍受父母嘲讽的表情。"

父母由于不知道该如何扮演父母的角色而感到挫败。面对无法预料的子女的反应，他们会感到惊慌失措，当父母的期望和子女的期望之间产生隔阂后，父母与子女之间的关系会渐渐地陷入僵局。当父母陷入和子女之间的矛盾时，他们最害怕失去亲密感，他们希望进行顺畅的沟通，希望作为父母给子女正确的引导，希望和子女之间形成一种信赖关系，但这一切并非易事。

青春期的子女虽然身体已经长大成人，但心理上他们还是想不断地确认父母对自己的爱。

"我这样顶撞他们，他们还会爱我吗？"

"我的学习这么差，他们会饶了我吗？"

"我做这样的事情他们会接受吗？"

"他们能理解我的内心变化吗？"

"他们能够体会我有多累吗？"

父母在付出关爱和支持的过程中，应该考虑到孩子们是否需要这种关爱和支持，他们希望父母采用怎样的方式？他们需要多少关爱和支持？处在青春期的孩子应当学习和掌握表达感情的方法和控制愤怒的方法，学会成熟地照顾自己，并让自己不断成长。

当遇到这种情况时，非暴力沟通发挥着显著的效果，它不仅可以帮助我们维持人性，同时也可以疗愈我们的内心。作为父母我们承受了多少痛苦，对子女怀有怎样的期望，为了孩子究竟付出了多少？当通过非暴力沟通看到我们的感受和需要时，可以避免以暴力对待子女。同时，当我们推测出子女的感受和需要时，将体验到自己的孩子能够如此健康地长大是多么的难能可贵。

子女的青春期也是父母的成长期。为了成为与孩子共同成长的父母，我们一起努力好吗？子女是如何长大的、需要什么、期望什么，我们一起到子女们的内心世界看看，然后跟随他们一起成长。

试想一下，你现在站在信号灯前面。安全地站在红灯下的你，在变成黄灯后已经做好充分的准备，等到变成绿灯时你会坦然地走下去，走进子女的青春期。请记住，子女的青春期就是父母的成长期。

帮助我们寻找真正需要的对话

开始学习的第一天，我提问："通过这次工作坊想要获得什么？"有个妈妈表示："我想通过这次工作坊，学习能够管好孩子的沟通方法。我想让孩子很听我的话。"

我笑着回答："我也不知道让孩子好好听话的沟通方法。怎么办呀？我们家孩子也不是都听我的话……但是我们可以一起聊一聊您所期望的沟通方式。"

当我们带着意图进行对话或者为了操纵对方而发起谈话时，我们将失去美好的连结。无论你的态度多亲切、微笑多么灿烂、声音多么柔和，只要是有意图的对话就会使对方充满防御，你们之间会变得越来越疏远。

非暴力沟通是一种开明的沟通方法，能够帮助我们在读懂对方内心的同时，还能照顾到自己的内心，它是一种美好的沟通方式。当我们真正变得开明的时候，才能了解到对方真正的需要，也能找到自己真正的需要。只有不将自己的意愿强加给对方，并正确了解自己的需要时，才能找到满足自己需要的方法，从而使双方都感到满足。

第二章
了解非暴力沟通

妈妈日记

"喂！你说完了吗？"

今天是初中期中考试结束的日子，同时也是高中期中考试开始的日子。艺瑟和民宇考完期中考试一回到家，就把书包扔到一边跑出去庆祝了。不管考试结果如何，只要考完，他们就会感到非常开心。民赫考试需要两个小时，按理说大概11点就会到家，但我始终没见他回来，而且既不接电话，也没有打电话回来。我非常担心民赫是不是出了意外，直到凌晨1点，他终于气喘吁吁地回来了。

民赫："我回来了。"

妈妈："你怎么回事呀？出什么事情了吗？你知道妈妈有多担心你吗！"

民赫："跟朋友们玩了一会儿。"

妈妈："什么？玩了一会儿？你是说考试第一天就出去玩了？等等，你过来一下！哎呀，这股烟味……你是不是去网吧了？"

民赫："嗯，第一天考试没有考好，所以我们决定去放松一下心情，就玩了一个小时。"

妈妈："你这么做太令人寒心了！你怎么能这样啊？考试第一天谁会跑出去玩？明年你就高三了，你到底想怎样？"

民赫："这有什么可大惊小怪的。我又不是通宵上网，就玩一会儿也不行吗？我就是因为心里太郁闷才会这样的，要不您去网吧看看，像我这样的学生多的是。"

妈妈："你还顶嘴？今天我本来有事情要外出的，见你没回来就一直在等你，没想到你居然还这么理直气壮……"

民赫："又不是我让您在家等我的，您想做什么就做什么吧，不用管我。"

妈妈："你说完了吗？"

　　我和孩子之间经常会这样拌嘴。可是为什么会这样呢？每次跟孩子吵完以后，他就会变得更加失落，进而影响到学习，而我也会伤心难过好一阵子。如果当时能够运用同理心，想到孩子是因为心里郁闷而去网吧散心，鼓励他在剩下的时间里努力复习应该会更好。可我每次都是在渲泄以后，才能想起更好的解决方法……

　　在养育孩子的过程中，最令我感到惭愧的事情，是当我与子女产生矛盾时，就像今天一样，一时冲动向孩子说出了暴力的语言。我自己都不知道这些暴力语言是从何而来的，而且还是源源不断地被我说出来。那些不能轻易向别人说出的恶言恶语居然被我毫不犹豫地说了出来。一生气我就会乱说话，无法控制自己的情绪，我甚至感觉自己都不如小孩子的自控能力强。每到这个时候我内心的悲哀感简直无法言喻……

　　今天还算不错，没有到无法挽回的地步……这是因为我最近学习的非暴力沟通发挥作用了，它使我瞬间停止了发火。希望我能够好好学习非暴力沟通，在孩子们青春期的时候，能够和他们维持亲密。

孩子日记

妈妈，您想做什么就去做吧！

真烦！今天有考试。即使学习的时间非常充裕，但长时间集中精力学习也不是简单的事情。每次一到考试，妈妈比我还要紧张。她会推掉所有的活动，在考试期间专心致志地照顾我们。我非常感谢妈妈，但难免也有些担心她。真希望妈妈能做自己想做的事情，为自己而活。

平时即使不是考试期间，妈妈对我的安排也有很多不满。当我把时间花在喜欢做的事情上时，妈妈却总是不断地冲我唠叨。她到底想让我怎么样？难道是希望我躺在床上虚度年华？她这样到底是为什么？

每当我认真做完学校或辅导班留的作业想要出去玩的时候，妈妈总会说："你要做的就只有作业吗？"我发现她希望我能一直学习，不断地学习。

今天也是如此！今天是我考试的日子，我比妈妈更紧张，不用她叮嘱我也会尽全力应考。虽然在外面玩了两个小时，但我想只要在剩下的时间内集中精力学习，还是没问题的。我的专注力比较差，所以考第一并不是我的目标，所以我觉得适当玩一会儿游戏也并无大碍。我希望能够做到学习和娱乐两不耽误，这是我所希望的生活状态。但是为什么对于我喜欢的每一件事情，妈妈都要阻挠？在家窝着就能有所改变吗？只会增加我的烦恼罢了。我和妈妈有太多意见分歧，但我依然喜欢妈妈。我也希望能和妈妈静下心来好好说话。希望妈妈正在学习的非暴力沟通能够对我们有正面的影响。

非暴力沟通思维

同理的对话，生活的语言

美国临床心理学家马歇尔·卢森堡（Marshall B. Rosenberg）博士坚信，人的本性就是对彼此的生命做贡献的时候感到喜悦。同时，他针对这个观点提出了两个问题：

第一个问题是，为什么人类要远离怜悯的本性而选择充满暴力和攻击性的言行？第二个问题是，如何在痛心疾首的状况下保持一颗怜悯之心？研究上述两个问题的过程中，马歇尔博士深刻体会到我们使用的语言和对话方法的重要性。对此，他研究出能够自然流露怜悯之心，并且有助于维持连结关系的对话方法，即非暴力沟通（Nonviolent Communication, 简称 NVC）。

非暴力沟通是培养人们在痛苦的状况下维持人性的对话方法。非暴力沟通所指的非暴力与甘地所指的非暴力是一脉相承的。即当我们内心的暴力消失时自然形成的在我们内心的怜悯状态。抛开敌对感，关注彼此的人性，同等尊重我的需要（Need）和对方的需要（Need），找到满足双方需要(Need) 的对话方式就是非暴力沟通。非暴力沟通也可以称之为同理的对话(Compassionate Communication)，生活的语言。

非暴力沟通的目的

我们一起了解一下非暴力沟通的目的。

第一个目的是建立连结 (connection)，通过连结深化人与人之间的关系。当我们以建立连结为目的的时候就不会选择暴力的沟通方式。

第二个目的是相互满足。同等尊重自己的需要和对方的需要，寻找能满足到双方需要的方法。不是为了满足对方的需要而做牺牲或谦让，而是寻找满足双方需要的方法。

双方建立连结后，寻找能够满足彼此需要的方法并进行对话的时候，能感受到为了让对方的生活变得丰富多彩而做贡献的快乐。而且在此过程中，可以学习到如何选择思考、说话、倾听、行动的方式。

非暴力沟通的四要素

在非暴力沟通中，为了形成真正心连心的人际关系，需要注意以下四要素。

第一，观察。对于我的所见所闻不做出评价，就像拍照或录音一样，如实地表达即可。

第二，感受。用感受表达观察到的状况。

第三，需要。是与感受相连的需要、心愿或价值观。

第四，请求。是为了让我的人生变得更加丰富多彩而希望他人为我做的具体的行动。请求分为连结请求(connection request)和行动请求(action request)。

非暴力沟通的两个核心

我们通过非暴力沟通表达自己或倾听他人的心声，以此交换观察、感受、需要、请求等四要素。因此，非暴力沟通包含两个核心，即"诚实表达四要素"和"同理倾听四要素"。

第一，"诚实表达四要素"是指把注意力放在自己的感受和需要上，通过上述四要素诚实表达，而不是通常情况下对于某种刺激表现出的自动反应。

观察 (observation)：对于影响我们生活的对方的言行，如实地观察表达。

感受 (feeling)：对于自己观察到的对方的言行，表达自己的感受。

需要 (need) ：找到自己的感受并与某种需要连结在一起，找到自己的心愿，进行表达。

请求 (request)：为了让我的人生变得更加丰富多彩，对于希望他人能为我做的事情，提出具体的行动请求。

第二，"同理倾听四要素"是基于观察、感受、需要、请求来倾听。

观察 (observation)：把注意力放在对方观察到的内容上来倾听。

感受 (feeling)：同理倾听时推测对方的感受。

需要 (need)：把焦点放在对方所愿、对方认为重要的内容上来倾听。

请求 (request)：通过他们提出的请求，什么能让他们的人生变得更加丰富多彩而进行连结倾听。

非暴力沟通中长颈鹿和豺狗的意义

在非暴力沟通中的两个动物形象豺狗和长颈鹿，大家好奇它们各自代表的含义吧？根据它们的特性，长颈鹿象征平和，非暴力沟通又称为长颈鹿语言，我们把相互协作的平和社会称为长颈鹿社会。豺狗象征暴力，通常把暴力语言称为豺狗语言，把充满暴力的社会称为豺狗社会。

① 长颈鹿的象征意义

众所周知，长颈鹿是食草动物，非常温顺。它们的平均身高为 5～6 米。在哺乳动物中，长颈鹿的心脏最大，因为它需要将血液供应到顶端的头部。而且它们的声带和其他动物不同，几乎听不到它们的哭声。长颈鹿爸爸和长颈鹿妈妈互相协助保护自己的宝宝，同时确保自身的安全。当长颈鹿遇到猛兽攻击时，它们会发挥后踢脚强大的力量保护自己和孩子。另外，长颈鹿喜欢的植物中有长有很多刺的刺槐，它的唾液里有融化刺的成分。在非暴力沟通中，当对方说出带刺的言语的时候，不要把刺埋在心中，长久记恨，而是及时把刺融化掉，疗愈心中的伤痛。

为了维持平和的状态，为了和他人保持连结，我们需要一颗温暖的心。同时，我们也要保护自己。因此，在非暴力沟通中，长颈鹿象征着平和、非暴力，非暴力沟通也被称为长颈鹿语言 (Giraffe Language)。

② 豺狗的象征意义

豺狗是肉食动物，身高在 60 ~ 100cm，体型偏小。由于它们不狩猎，专门寻找动物的死尸充饥，因此被称为环境清洁员。在埃及，豺狗象征着死亡之神，放有木乃伊的棺材表面通常都画有豺狗。在非暴力沟通中，暴力语言被称为豺狗语言（Jackal Language），充满暴力的社会被称为豺狗社会。

第三章
真正妨碍沟通的要素

妈妈日记

啊，好累！

今天和爱人一起晨泳后回家，发现小儿子民宇早早地坐在书桌前学习。我以为他是在为马上到来的期末考试复习。最近一直忙着老大和老二的入学考试，没有太多精力照料小儿子，他在家最小、最讨人喜欢，所以我几乎没有干涉过他的学习，他今天很自觉地开始学习，让我感觉很欣慰，我的儿子真懂事呀！

"没错！就应该这样。只要耐心等待，孩子们自然会自觉起来。"

我兴高采烈地跟爱人说："我的教育方式终于获得成效了!"接着，我拿着番茄汁走进民宇的房间。

妈妈："我的宝贝，一大早就起来看书呀?"

孩子突然站起来，抱着我亲我的脸。

民宇："妈妈! 我有个请求……"

妈妈："什么事呀? 你说吧，妈妈什么事情都答应你。"

民宇："那个……就是……(挠着头)，您看看这个……"

晴天霹雳! 我以为孩子一大早起来看书只是我自己的美好幻想罢了，怎么会这样! 当我看到民宇递过来的检讨书时，我真的无法接受!

检讨书

某月某日，我参加了奥林匹克公园举办的绘画比赛和写作比赛。当我写完诗正在画画时，泰贤、大权、根宇、太俊、成载、柱灿和长俊怂恿我去网吧一起玩，不过最终我还是认真地画完之后才去的。虽然因为他们的诱惑稍微忽略了绘画的背景部分，但是我保证我当时真的是在认真地画。

瞬间我觉得大脑死机了。暂且不论去网吧的事情，检讨书写得如此理直气壮……谁会觉得这是一封检讨书呢？我觉得孩子太不像话了，忍不住气愤地责骂起来。

妈妈："你疯了吧？参加写生大赛的时候居然跑去网吧？你脑子进水了吧？啊？你还是不是学生呀……你不知道写生大赛也算上课吗？写生大赛上画的画要算在美术评估里，你不知道吗？还有，什么保证当时画得很认真？你是不是疯了？你这孩子，是不是觉得自己是家里最小的孩子就能为所欲为？"

民宇："妈妈，班头不仅要我写检讨书，还要求爸爸妈妈各写一份检讨书，你快点给我写吧，我要迟到了。"

妈妈："什么？你把班主任老师叫成班头？你这孩子说话也太没有礼貌了，既然你能在学校活动的时候跑去网吧玩，那迟到对你来说还算什么呀？你哥哥和姐姐从来没有像你这样过，爸爸妈妈上学的时候也从来没有写过什么检讨书，真不知道你到底随谁？"

那天早晨，我和爱人不得不各写一份检讨书。因为 17

个男同学中有 11 个去了网吧，班主任愤怒地要求所有孩子的父母也提交检讨书。让父母写检讨书这种要求确实让我非常不舒服，但自己的孩子犯了错误，作为父母我们也无话可说。

这件事情发生在早晨，所以也没有太多时间和孩子进行沟通，便让他先去上学了，白天我接到了班主任老师的来电。年轻的女班主任说话时非常激动。

班主任："民宇妈妈，您知道孩子们在写生大赛的时候跑去网吧了吧，他们从网吧出来的时候没付钱的事情您也知道了吧，他们还居然串通起来不想反省。没有付钱等于是盗窃。学校该做的已经都做了，现在需要家长的全力配合。"

妈妈："什么?"

我简直崩溃了。心中充满了怒火，甚至都快无法呼吸了。我绝对饶不了这个臭小子……

11 个学生中有 6 个学生付了钱，剩下 5 个学生没有付钱就逃之夭夭了，网吧老板追到学校来要钱，教导主任替这些学生付了钱，并让他们在全校师生面前受罚。老师要求他们在今天之内提交检讨书，但从这些学生的态度中根本感觉不到反省的意思，于是老师大怒并给每个学生家长打了电话。

"盗窃"的字眼触动了我的神经，但除了对不起，我不知道该向老师说什么才好。我向老师保证一定会好好教育孩子，这似乎才稳定住了老师激动的情绪。

结束通话后，我只能长叹一口气。面对老师我觉得无比羞愧，因为孩子的举动实在荒唐，太令人恼火了。昨天刚给了他足够的零花钱，今天就发生这样的事情。孩子，难道真的不能如我所愿吗？

放学回来后，我努力控制自己的情绪和他沟通，但是一看到民宇的脸，我的怒气很快又涌上来。

妈妈："你就因为这些事情让妈妈接到班主任的电话吗？听说你们根本没有反省还对老师不礼貌？你们有多过分，老师才会生气地给我打电话呀？班主任老师对你们负责所以才会训斥你们，如果她不是班主任，根本不会跟你们费口舌呀！连老师的心也不能体谅的你们才是坏蛋！"

民宇："妈妈，不是那样的。我们什么都没有做，但是班头自己在那边火冒三丈，说我们反省态度不好。检讨书也写了，操场上的垃圾也捡了。还要我们怎么反省？简直不可理喻。我太倒霉了!"

妈妈:"什么?看看你说话的态度,越是不成器越爱惹是生非。你这家伙……什么叫倒霉?做错了就应该受到惩罚呀。从这件事情上就能看出你的人品。你这家伙!"

民宇:"也不是什么大不了的事情,妈妈你老是发火,别的班的学生也都去了网吧。也不是就我们班去,只是恰巧那天我们不走运而已。"

妈妈:"你给我闭嘴,臭小子!你还顶嘴?别的班的学生也像你们一样没付钱就跑了吗?去网吧已经让我很生气了,还竟敢不付钱?你们是小偷吗?做错了还有什么资格说话?妈妈是这样教你的吗?我可从来没有这样教过你。明天你给我去班主任老师那里郑重道歉,知道了吗?"

民宇:"妈妈……你怎么总是向着老师说话呢?上学的时候也可以偶尔闯祸呀!你看写《三重门》的韩寒比我嚣张多了。"

妈妈:"哎呀!看点书就琢磨怎么往歪处用。总之,听妈妈的话,明天好好道歉反省。"

民宇:"知道啦,知道啦!"

聊到最后,民宇的心情变得很低落,我又很生气,对话就这样结束了。

我想教孩子做一个"有良知的人"，但看来这在民宇身上行不通。从他的态度中可以看出，他意识不到自己犯了错误，对于被老师发现的事实只是认为倒霉和冤枉。

啊！真的好累呀！我为什么要生三个孩子，这不是自找苦吃吗？

孩子日记

我只是很倒霉！

今天，学校在奥林匹克公园举行写生大赛。大赛开始后，大家解散并纷纷寻找写生的地方，但是我和另外 11 个朋友去网吧玩游戏了。虽然我跟妈妈说我们没付钱就跑掉，是因为怕老师要求我们付之前没付钱就逃跑的那些同学的上网费，但是其实我们去网吧之前已经商量好不付钱了。

在网吧玩了两个小时游戏后，我们没付钱就逃跑了。成功逃脱之后，我们又回到写生大赛快速完成任务，还兴高采烈地讨论着我们的完美计划。这时候一个朋友的手机响了，说我们没付钱就逃跑的事情被发现了。我们以为是谁在说谎，也没有理睬。但是不久之后，在网吧兼职的一个大哥跑过来质问我们谁没付钱。

原来，是我们当中有一个傻瓜是那家网吧的会员，留下了联系方式。我们当然不会承认，最后那位大哥找到了老师。瞬间，学生部的老师和其他班级的老师都聚到一起。我们在全校师生面前受罚，大家都对那个傻瓜恨之入骨。

第二天，我们被学生部叫去要求写检讨书。学校结束了对我们的处罚后，班头又接着唠叨了大半天。这件事情很快被家长知道，回到家后当然被父母一顿教训。谋划得如此完美的事情都是因为那个傻瓜的失误毁掉了，真倒霉！

非暴力沟通思维

妨碍真正沟通的要素

我们的本性是以怜悯之心对待他人、维持连结并进行沟通。但是我们也会逐渐学会暴力语言和对话方法，甚至我们的言行会对他人造成伤害。

使我们渐渐远离怜悯，妨碍真正沟通的要素有：道德评判、比较、煽动竞争、赏罚的正当化、否认责任的话语、强求等。那么，我们来看一下前面民宇妈妈的话语中存在的这些要素，然后听听民宇对这些话语的态度吧。

1. 道德性评判

当对方的行动或语言与我的价值观或想法不一致时，对对方进行指责、批判、侮辱、反驳、诊断、分析、贴标签，等等。

① 指责

"不懂我们心意的你们是坏蛋！"

"学校活动的时候能跑去网吧玩，迟到对你来说算什么呀？"

"因为这样的事情，你让妈妈接到班主任老师的电话吗？"

这种交流方式最终更加痛苦的还是妈妈。只要我做出歉疚的表情，对于妈妈的这些唠叨左耳进右耳出就可以了。我确实做错了事，但妈妈的这种说话方式只能让我心情更糟。

当妈妈说"读不懂父母的爱，你们简直是坏蛋！"的时候，我就特别想这样指责大人们："我是坏蛋，所以不要搭理我。无法真正理解我们内心的老师和妈妈也是坏蛋！"

当听到"学校活动的时候能跑去网吧玩，迟到算什么呀？"这句话的时候，我很想这样顶撞妈妈："那要不要既去网吧玩，又加上迟到呢？"

还有，孩子出了事情，妈妈接到班主任老师的电话有什么不正常吗？每当这时候我真的不想再跟妈妈多说一句话。妈妈开始指责我的时候我已经不想再听下去了，她指责我的时间越长我就会越烦躁。烦躁时我会顶嘴，然后妈妈就会更生气。这样本来很快就能结束的对话就会延长，导致我们双方的内心会再一次受到伤害。

"你犯了大错。"

"都是你不好。"

"你不应该那么说。"

"这就是你不能进步的原因！"

每次听到这种指责时我就彻底不想继续对话了。这时，我们的沟通就会受阻。

② 批判

"你们是小偷吗?"

"你们有学生样吗?"

"看看你说话的样子。"

"看看你说话的态度。"

当妈妈说"你们是小偷吗?""你有学生样吗?"的时候,我觉得非常冤枉。难道做学生就有罪吗?大人为什么对学生如此苛刻?

至于"说话的态度",我觉得大人没有资格要求我们。父母对子女说话态度偶尔也会非常恶劣,而且在学校也经常听到老师说出暴力的语言。

每次大人批评我们,我们就想进一步反抗和反驳。我想,如果想要真正的沟通,那么请不要一味地批评我们,大人自身也要努力避免受到子女的批评。

我们被训斥时经常听到的批评内容如下:

"简直太没礼貌了。"

"无知到这种地步,你究竟能做什么?"

"你太不懂事了。"

"懒散不说，还这么固执。"

"你知道自己错了吗?"

③ 侮辱

"你脑子进水了吧?"

"你疯了吧?"

"越是不成器的人越爱惹是生非。"

说实话，每次听到妈妈说这些话的时候，我就想:"我正常得很，妈妈以为我疯了吗，还是希望我真变成一个疯子? 真正需要清醒的是妈妈。"妈妈肯定是把我当成一个疯子了，不然怎么会说出这种话。

"越是不成器的人越爱惹是生非……"也就是说，我就是那个不成器的人? 但我不是不成器的人，也不是疯子。

一个朋友的妈妈对他说:"你要是再这样下去，你的人生就像一坨人人嫌弃的肥肉!"据说从那以后，朋友几乎不再和他妈妈说话了。

"你有没有脑子?"

"这是人住的地方? 简直就是猪圈!"

"这肯定不是人能做出来的事情。"

"你还是高中生？说出去都是笑话。"

每次听到这种侮辱性的话语时，我们会自然地选择不听。希望大人们能记住这一点。

④ 反驳

"你给我闭嘴，臭小子！你还敢顶嘴？"

妈妈很少能耐心地听我说完。每次说话声音变大时，妈妈就会大喊"你给我闭嘴！"然后我就被吓得没有兴致再说下去了。

"太可笑了。"

"别说这种离谱的事情。"

"得了吧……管好你自己得了。"

"你要是能考上大学，我的姓倒着写！"

每当听到这种反驳的话语时，我就特别想跟她断绝关系，这样的话语会使我们感到非常孤独。

⑤ 诊断

"真不知道你到底是随谁?"

真无语,我还能随谁呀? 当然是爸爸妈妈或爷爷奶奶呗。又不是我求你们生下我的,纯粹是你们自愿生下来的,还让我饱受人间痛苦,还问我到底随谁?

"你愣头愣脑的,不知道随谁呀?"

"性格肯定有问题。"

"散漫得要命,看来还是要检查一下。"

"感觉像是遗传的不良习惯。"

每次听到这种话时,妈妈就像医生一样。您如此无所不能,却为什么无法理解我们真正的想法呢? 真奇怪!

⑥ 分析

"你是不是以为自己在家最小就能为所欲为?"

"从这件事情上就能看出你的人品。"

每当妈妈对我的言行不满意的时候就会说这种话。在家最小受宠啊,爸爸溺爱我啊,因为身子弱,所以不跟你计较……反正理由太多了。每次妈妈说这种话的时候我就心想

"又开始了!"不想再继续听也不想继续说。

"看来还是因为小时候被别人带大的原因。"

"因为是家里最小的孩子,所以太没有礼貌了。"

"好像是因为早产儿的关系。"

"可能就是姐姐的学习成绩太好了,畏缩了。"

真希望大人以后能停止这类分析的言语。

⑦ 贴标签

"我家的小宝宝。"

其实我真的不喜欢这个称呼,但是妈妈这样叫我的时候看起来非常幸福,所以我也只能忍着。一旦我的言行令她不满意,妈妈的态度就会立马转变。

教训我的时候也是"坏蛋!""小偷!""罪人!"给我贴这样的标签后,脾气也愈来愈大。我又不是总犯错误,总让她失望,不分青红皂白就把我划分为这类人,实在令我伤心。

"这傻瓜。"

"烦人的淘气包。"

"我家可爱的老幺!"

"你是我存在的理由。"

真希望以后跟这些标签说再见。

肯定性评价或标签也会妨碍真正的沟通。

例如"真棒""漂亮""你很善良"等肯定性的评价也会妨碍我们建立深厚的纽带关系。

当你把注意力放在想变得更漂亮、想做得更棒、想变得更善良上时,会错过自己真正的需要,也没有办法照顾好自己的内心。

"你是我的天使""我的博士""机灵鬼""我的小可爱"等肯定性标签也会把人们关在标签的牢笼里。我们人生中最重要的事情之一就是照亮自己的内心,帮助自己过上自己想要的生活。

2.比较

比较也是批判的一种形态,会使你的人生变得悲惨和不幸。

"哥哥和姐姐从来没有做过这样的事情。"

"爸爸妈妈从来没有写过什么检讨书。"

我既不是哥哥，也不是姐姐，更不是爸爸或妈妈。我就是我，我不能容忍这样被比较。

我在家最小，所以经常被拿出来跟姐姐或哥哥做比较，甚至跟表兄妹和朋友们比较。这段时间最可怕的比较对象就是妈妈朋友的儿子。我已经算是比较乖了。我的很多朋友学习成绩都比我差，他们甚至跟父母吵架的时候说脏话。妈妈从来不把这些孩子作为我的比较对象，总是跟那些优秀的孩子比较，其实我也没那么差劲……

不知道妈妈想过没有，她把自己朋友的孩子作为我的比较对象，那我就有可能把我朋友的妈妈作为她的比较对象。我希望妈妈能够意识到这一点。如果妈妈总拿别人跟我比较，那我也可以说"周城的妈妈跟我们很能说到一起，但我跟我妈妈却完全无法沟通。"

以下是我反感的一些比较性的言语。

"小赫因为家里穷，小小年纪就成为家里的顶梁柱，不过他学习还挺好。"

"赶上你姐姐就不错了。"

"哥哥像你这么大的时候从来没这样过。"

"妈妈小时候没有自己的房间，看的都是旧书，还照样拿第一。"

"爸爸小的时候都没有见过这种东西。"

3. 煽动竞争

"做到希恩那种水平就行了。"

"要超越俊宇。"

"你也要考上北京大学。"

"别人玩，你也要玩吗?"

每次妈妈说出这种具有煽动竞争嫌疑的话语时，我就感觉无法呼吸。我希望妈妈眼里看到的是我这个人，根据我的实际情况给予适当的激励和支持。大人都是傻瓜，他们只知道因为孩子的缺点而伤心难过。每个人都有自己的用武之地，不管他的能力大小。我想，如果父母能够试着寻找我们身上潜藏着的能力，双方才会变得更加幸福吧。

4. 赏罚的合理化

"你做得有多过分老师才会那么生气地给我打电话呀?"

"做错了事还有什么资格说话?"

我也不想被班头叫到教务室受罚，但是班头当着我们的面气冲冲地给父母打电话也是不应该的事情吧。虽然做错事情的确实是我们。

我心里已经对妈妈百般歉疚，而且写生大赛那天已经在全体学生面前丢尽了颜面。我们已经充分意识到自己的错误，无法理解大人们为什么还要穷追不舍，并强调我们应该受到惩罚。

如果当时妈妈说："班主任在你们面前给我们打电话是不是吓了一跳？觉得特别不好意思吧？"那么我可能会一直感激妈妈。

"你做的事情就是应该受到惩罚。"

"你获奖是应该的。"

"妈妈为你牺牲这么多，你得做到这个程度呀。"

"班主任夸奖你是应该的。"

将赏罚正当化的这些话丝毫没有让我们感受到温暖，反而让我非常反感。

5. 逃避责任的话语

"妈妈从来都没有这么教过你。"

妈妈是不是只想在我表现得乖或听话的时候才愿意做我

的妈妈？当我犯错或做出出格的行为时，妈妈总会说："妈妈从来没这么教过你，都是你的责任。"有时还会说："我是妈妈，所以才会好好教育你。"

每当这时我就会顶嘴："我现在是青春期，所以才会顶撞你。"大家都可以选择逃避责任。其实这时候我非常渴望得到妈妈的理解。

只要狠下心，我们也可以像父母一样说出逃避责任的话。

"反正我讨厌那个老师。"

"总之我很郁闷。"

"他先动手，所以我才还手的。"

"因为是学生，所以才去学校。"

"无法抑制想玩的冲动。"

如果我们说出这样的话，我想，爸爸妈妈也不想继续和我们交谈下去。

6. 强求

"明天你给我去班主任那里郑重道歉，知道了吗？"

妈妈强求我向老师道歉。我记得小时候，当我们兄妹吵架的时候妈妈会对我们说："好了，现在你们看着对方的眼睛，好好说对不起。然后微笑着拥抱和解！"

小时候觉得这种方式有趣又好笑。但现在我们都是高中生和初中生了，个子长高了很多，而且都有了各自的想法，这时候还强求我们"互相拥抱，快和解！"这简直太烦人了。

"我希望你明天还是去老师那里再说一声'对不起'，你觉得怎么样？"如果妈妈这样说的话，我就觉得有了选择的余地，内心也会好受一点。

如果这样的话，我会重新考虑一下，然后觉得有必要的话，会再次找到老师郑重道歉，但是"你给我去道歉！"这种说话方式听着就像"不道歉你就死定了！"所以，我表面上答应妈妈跟老师道歉，而实际上第二天不会再去找老师。跟妈妈说："我会下不为例的。"也是为了尽快结束和妈妈的对话而用的缓兵之计。

"听从命令。"

"不要乱说话，给我闭嘴！"

"你不能随便决定。"

"不要把胡萝卜挑出来，都给我吃掉。"

这种方式的强求会让我们更加抗拒。

摆脱妨碍沟通的要素

让我们想象一下，妈妈接到班主任老师的电话后采用非暴力沟通的方式与民宇交谈的情景。

妈妈："民宇，妈妈白天接到班主任老师的电话了。她说你们在网吧没付钱就走了。"（观察）

民宇："我知道，老师打电话的时候我们都在现场。"

妈妈："妈妈当时很惊慌，吓了一跳。"（感受）

民宇："我当时心里也很不是滋味。"

妈妈："妈妈觉得做一个诚实的人非常重要，而且希望大家能相互尊重。"（需要）

民宇："妈妈，对不起。"

妈妈："那你答应妈妈以后在外面买了什么或用了什么一定要付钱，好吗？"（请求）

这样采用非暴力沟通的四个要素——观察、感受、需要、请求时我们就可以摆脱妨碍沟通的要素。

不失去连结并分享我的所愿和我的需要，这样世界是不是会变得更加温馨呢？

第二部
以非暴力沟通去爱

第一章

观 察

妈妈日记

学校一来电话我就会感到忐忑不安

今天是采购的日子。因为我们家有三个孩子，每个月的伙食费是一笔不小的开支。孩子们正是长身体的时候，饭量大，加上每个孩子的口味又不一样，因此我需要在尽量减少开支的情况下满足他们的饮食需要，但这可不是件简单的事情。今天出门时我还特意带着优惠券，当我正在认真地算计怎么购买划算的时候，我的手机响了。

是大儿子学校打来的电话，什么事情呢？

妈妈："您好。"

老师:"您是民赫的妈妈吧?"

妈妈:"对,您是哪位?"

老师:"我是民赫的英语老师。"

到底出了什么事情呢?打电话的不是班主任老师,我家孩子也不是全校拔尖的学生,怎么会有科任老师打电话过来呢?这么多年来,科任老师来电话还是第一次,我心里开始忐忑不安。

老师:"我一周给民赫班上四次英语课。"

妈妈:"嗯,老师,您说。"

老师:"民赫一直不好好上英语课,每次上课都在睡觉。他在家晚上不睡觉吗?晚上通宵打游戏呀?"

妈妈:"没有啊,昨晚也是十一点半就睡觉了,玩游戏也只在指定时间呀。"

老师:"那就奇怪了,他一到上课的时候就睡觉。其他学生听到老师提醒之后就会努力清醒过来,但是民赫对老师的提醒丝毫不在意。所以,我没办法教这样的孩子了。"

这到底是怎么一回事啊?这孩子到底想怎么样,居然叛逆到这种程度。

　　我的心情无比沉重。科任老师都直接打来电话了，可想而知民赫的态度有多恶劣！一方面我能够理解老师的心情，但是另一方面又难免觉得生气。新学期开始才一个月，老师怎么能说出"我没办法教这种孩子"的话呢？到底要我怎么样？孩子和老师的行为都让我感到不可思议。我努力忍住眼泪把推车拉到一个角落，然后专心地和老师通话。

　　想起了不久前学习的非暴力沟通。老师现在肯定处于气愤状态，我应该试着理解老师的心情，然后准确地表达我的想法。

　　妈妈："是吗？孩子这么过分啊。我能理解您多么着急生气，不然也不会给我打电话了。我知道您的工作很不容易。但是老师，我现在也感到惊慌和惭愧。不知道该怎么做。"

　　我试着理解老师的心情，庆幸的是老师似乎也稍微镇静下来了。

　　老师："所以我看了一下孩子的模拟考试成绩，英语成绩还不错。听民赫说，他现在正在上英语课外辅导班，我想他是不是因为课外辅导而忽视了学校里的英语课呢？"

妈妈："这次考试英语确实比其他科目考得好，但我觉得好像也不是课外辅导班的原因，我也发现最近孩子一直无精打采的。不仅是英语，他对于其他科目也没有太大热情，所以家里人非常担心。非常抱歉，老师。我跟孩子好好谈谈，保证不会再出现这种问题了。"

老师："好的，那就拜托您了。"

妈妈："老师，非常感谢您。如果没有您的电话，我都不知道孩子在上课时间睡觉。您亲自给我打电话，让我感受到了您的真诚和热情，作为妈妈我也放心了。民赫今后还要麻烦您多多监督。"

按照非暴力沟通模式结束了与老师的通话后，我的内心却始终无法平静下来。虽然学习了自我同理，但始终不知道如何应用。躲在柱子后面，我呜呜地哭了起来。我并没奢望三个孩子给我带来的全部是快乐，但我也不想接到这种电话……

从几年前大儿子开始进入青春期后，每次学校来电话的时候我都会心惊胆战。我下意识会觉得学校来电话说明发生了不好的事情，肯定是我们家民赫参与其中。做妈妈真的是一条非常艰辛、凶险的路。

等到心情稍微平静下来，结束采购回到家后，我就开始做孩子们喜欢吃的食物。小儿子放学回来后，老大、老二也陆陆续续地回家了。

民赫从进玄关就开始嘟嘟囔囔。

民赫："唉……真烦！就知道拿我出气。"

看来，他已经知道英语老师给我打了电话。

妈妈："刚回家你说什么呢？"

民赫："英语，英语老师。又不是就我一个人睡觉，班里有一半的学生都在睡。不想让孩子们睡觉就讲课讲得有趣些呀！课讲得那么无聊，不困才怪。还有，干嘛总拿我撒气啊？都怪我个子太高，唉……"

妈妈："你是故意说给妈妈听的吗？你知道妈妈刚才在超市买东西接到老师的电话后有多震惊吗？还记得妈妈曾说过，每次接到学校打来的电话时，我都会心惊肉跳吗？（新学期刚开始的时候接到班主任老师的电话……那时是学校要求家长配合检查食堂伙食的事情，我却以为是孩子在学校闯了祸，吓出了一身汗。）接到英语老师的电话后我又尴尬、又惊慌。你能给我说说具体情况吗?"

民赫:"英语课上我经常犯困,今天也是打瞌睡的时候被老师逮到了。老师一怒之下就惩罚我站出来做了 20 分钟的倒立。我完成了她的惩罚后,老师又叫我去她的办公室,我就跟着去了。当她看到我的模拟考试成绩后,就向我要了妈妈的电话号码……"

妈妈:"臭小子,你这样做,老师肯定讨厌死你了。还有,你怎么上课时间睡觉啊?嗯?怎么这么没有礼貌呢?老师在上面讲课,你怎么在下面睡觉呢?你这小子,是不是成心不想好好学习啊,我快要疯了!"

乱吼一阵过后,庆幸的是我突然想起不能这样结束与孩子的谈话,我一定要保持镇定。

妈妈:"其实妈妈觉得英语老师又不是班主任,能给家长打电话已经非常不容易了。你觉得呢?"

民赫:"那有什么呀,想打就打呗。"

妈妈:"你别那么说话,好好想想。反正妈妈觉得这位老师的责任心和教学热情都是无可挑剔的。"

民赫:"我也知道,她人很好。"

妈妈:"想想如果你是老师,你在上面认真地讲课,下面一堆孩子趴在桌上昏昏欲睡,被警告后还是照样睡觉,你的心情会怎么样?"

民赫:"没关系呀,反正我讲课肯定比她讲得有趣多了。"

妈妈:"哎呀!你这臭小子!真是对你无话可说了。"

每当遇到这种情况,我就彻底不想和儿子继续交谈下去了。在这种状况下,我觉得自己像在跟一个傻瓜说话一样。我觉得处于青春期的孩子就像来自其他星球的外星人一样难沟通。在这次谈话中,我试着做到了非暴力沟通中的观察,但对话为什么还是无法继续呢?

孩子日记

真的很没意思,你让我怎么办?

妈妈接到英语老师的电话后特别生气。

英语课真的非常无聊,我托着下巴坐在那里就能立刻产生睡意。老师用眼神提示我,让我打起精神。但赶走困意并不是那么简单的事情。我努力挣扎着，但还是无法抵挡潮水般涌入的睡意。这样反复了几次之后……最终老师体罚了我。

都是因为上课无聊才打盹的……老师真是太过分了。又不是我一个人打盹，班里一半以上的同学都在打瞌睡。我很恼火，被惩罚之后也很不甘心。

我竭尽全力撑了 20 多分钟。

午饭时间老师叫住了我。她追问我上课睡觉的理由。人类最基本的需要之一就是睡眠，她居然问我理由，我能怎么回答？！然后老师就把我的英语成绩表找出来了。但是，哈哈！我的英语成绩是 92 分。她的表情顿时变得僵硬。

最后，她问我妈妈的电话号码。哇……不就是打了盹么，至于给家长打电话吗？……

当时我就觉得这位老师做的很过分，回到家我开始嘟囔着英语老师的不好。老师都已经知道妈妈的联系方式了，我想妈妈已经知道这件事情了，我嘟囔也是为了尽量少听到妈妈的唠叨。

后来我多次被英语老师指责和惩罚，英语课也就这样一天天混下去。我觉得，其实我和英语老师两个人都挺可怜，也很无奈。

非暴力沟通思维

区分评价和观察

非暴力沟通的第一个要素就是要区分评价和观察。

我们在日常生活中对他人或自己做过无数次评价，这种评价容易延伸成为指责。相反，如果我们试着对影响我们日常生活的各种事物只观察而不去评价，那么我们就可以维持平和。当然，并不是一定不能做出评价，而是要区分评价和观察。

当我们无法区分评价和观察的时候，很难做到理解对方。真诚沟通中最基本且最重要的因素就是观察。

观察就是抛开一切判断或评价，只是如实地看和听。就像拍照和录音一样，把我的所见所闻如实地表达出来。

民赫妈妈因为有学习非暴力沟通的经验，所以在谈话的的过程中做了努力，但是她在观察方面还有所欠缺。

比如"孩子到底想怎么样，居然叛逆到这种程度？""怎么能说出'我没办法教这种孩子'的话呢？那到底要我怎么样？孩子和老师都让我感到不可思议。""怎么这么没有礼貌呢？老师在上面讲课，你在下面睡觉。你这小子，是不是成心不想好好学习啊？"等等，这种表达并不是观察，而是妈妈的评价和判断。

那么，让我们试着将这些判断和评价转换为观察。

"孩子到底想怎么样，居然叛逆到这种程度？→"民赫在英语课上打瞌睡了。"

"怎么能说出'我没办法教这种孩子'这种话呢？那到底要我怎么样？孩子和老师都让我觉得不可思议。"→"老师跟我说'我没办法教这种孩子'。"

"怎么这么没有礼貌呢？老师在上面讲课，你在下面睡觉。你这小子，是不是成心不想好好学习啊？"→"听老师说你在英语课上睡觉，妈妈当时特别担心和紧张。"

评价或判断会让说者更加激动，并且会激发听者的抵触心理。比如，当父母跟孩子说"房间为什么会这么乱？这还是人住的地方吗？"那么孩子并不会想到"爸妈觉得我的房间太乱了，应该整理一下"，而是会想"好啊，您是说我不是人是吗？那行，那我就继续当我的'畜生'好了"，或者"是啊，我不是人，所以别来烦我"，这样想的话是不是很可怕？

如果以观察的方式表达的话可以这样："校服在床上呢，昨天吃剩下的饼干还在桌子上。"

很别扭是吧？也未必！再试一下吧。如果像用摄像机拍摄一样表达的话，孩子就能通过自己的眼睛看到床上的校服和桌子上的饼干。那么接下来他们会做出什么样的反应呢？或者立刻整理，或者稍后整理。总之他不会阴着脸反抗。

在维持内心平静的过程中，观察起到至关重要的作用。印度思想家克里希那穆提说："不带评价的观察是人类智慧的最高形式。"观察是具有挑战性的事情，当然也有很大的价值。不妨让我们挑战一下吧！

这就是我们内心真正的想法！

每次当我们从大人口中听到否定性评价的时候，会默认为是批判。当听到肯定性评价的时候，也会感到害怕，因为要一直保持大人所谓的正面状态。

当大人对你说"你真有礼貌"时，不管下次心情如何都要像今天一样恭恭敬敬地打招呼。当妈妈对你说"只有你学习好，妈妈才能活下去"时，我们要争取让成绩一直好下去。

有时候，我们觉得大人是故意称赞我们，是为了让我们按照他们的意图行动。请通过观察看到我们的真实情况。从朋友、父母、老师那里听到的评价中最不喜欢听到的话有下面几种：

"你做的事情能好到哪儿去啊？"

"懒惰的人只有你！"

"你不是说你自己会看着办吗？"

但如果大人们用下面的方式对我们说，其实我们绝对能够听懂。

"花盆打碎了。"

"冰激凌的包装袋还在桌子上面。"

"你说想休息到 7 点，但是现在已经 8 点了。"

据我对妈妈们的观察，我想这样表达。"妈妈们没有观察我们，而是评价了我们。"

突发奇想的问题——
下列情况是属于观察，还是评价？

1. 多恩是个懒孩子。

2. 我妹妹看地图非常吃力。

3. 现在的小孩太没有礼貌了。

4. 玄锡问我感冒好了没有。

5. 我家孩子语文很厉害。

6. 俊彪有 5 双夏季运动鞋。

评价	观察
多恩是个懒孩子。	多恩上午 9 点起床。
女孩都没有方向感。	我妹妹看地图非常吃力。
现在的小孩太没有礼貌了。	碰到了女儿的同学，她们没有与我打招呼。
玄锡很友好。	玄锡问我感冒好了没有。
我家孩子语文很厉害。	我家孩子语文成绩是第一名。
俊彪太浪费了。	俊彪有 5 双夏季运动鞋。

通过案例学习观察

"你没有资格吃这些！"

有一次，我和孩子一起去汉堡店。

由于当时正处于午餐优惠时段，店里排起了长队。孩子因为排队的时间太长不停地发牢骚："饿死了，怎么这么多人啊？"我多次给她使眼色示意她不要发牢骚，但孩子还是没有平静下来。现在她已经是六年级的学生了，还这么丢人现眼地发牢骚，我顿时火冒三丈。终于轮到我们点餐了，我手里拿着刚买的汉堡，一把拽住孩子的手走到垃圾桶前，把好不容易买到的汉堡扔掉了，然后严厉地对孩子说："你没资格吃这些！"

我一直想好好地教育小谭。为了能教好她，每次当她犯错误时，我都会给予她惩罚。为了让她以后不再发牢骚，我还把汉堡扔掉了，作为她发牢骚的惩罚。

小谭从小缺乏耐性，从婴儿时起就爱哭闹，而且性格也很固执。在成长过程中，还形成了越来越自私的性格。从小我一直试图改变孩子的这种性格，但她的性格太倔了，根本无法改变。

不久前，她在学校组织的一次活动中表现良好，于是老师发了糖给她作为奖励，但是小谭当时追问老师说："奖品不应该是对身体不好的东西啊，糖会让我们蛀牙的。"还有几天前婆婆过生日的时候，所有亲戚都聚在一起吃饭，当时小谭看到我的碗里剩了几粒米饭，指责道："妈妈忘了粒粒皆辛苦了吗？妈妈要学我，把剩饭吃干净。"在长辈面前被自己的孩子训斥，让我觉得受到了侮辱，我感到非常难堪。

听到小谭妈妈的故事之后，我心里非常难受和焦急，小谭妈妈在讲述故事的过程中使用了很多评价和判断小谭的词汇。

"小谭非常缺乏耐性，从小就爱哭闹，而且性格很固执。性格自私，太倔，根本无法改变。"这都不能算作是观察。

如果妈妈能够以观察来表达的话，可能更容易和小谭进行沟通。如果以观察的方式进行表达的话，一方面妈妈能够镇定自己的情绪，另一方面小谭也能倾听妈妈的话。

虽然这种教育方法有很多缺点，但可以感受到小谭妈妈为了教育好孩子而做出的努力。哪个父母不希望孩子成为优秀的人呢？我建议小谭妈妈把注意力放到当前的感受和需要上。

"很伤心，很泄气，又很失望，我希望小谭成为一个光明磊落的人，其实我内心非常渴望别人能够认可我的教育之道……"

我建议小谭妈妈寻找因为做出指责、惩罚、批评等行为而未得到满足的需要。

"沟通和关怀，还有就是接纳。"

当小谭看到妈妈把汉堡扔到垃圾桶里的时候，心里会怎么想？当时如果妈妈以更积极的心态去理解因为肚子饿而不断发牢骚的孩子，以这样的心态去理解孩子的感受和需要的话会怎么样呢？

"肚子这么饿，还要排队等这么久，累了吧？想快点吃……所以想发脾气，我们该怎么办呢？妈妈认为还是稍微忍耐一下，再等等。"

小谭妈妈把与孩子进行沟通作为本次工作坊的目的，并且决定不说出妨碍沟通的话语。尤其避免自己经常使用的指责、评价、判断、强求等，对于孩子的行为进行"以观察来表达"的实践。参加工作坊期间，不管小谭妈妈做了多少改进和努力，但终究没有达到预期的效果，或者出于道德性判断无法忍住怒火，不断地受挫。但是最终有一天，小谭妈妈通过和孩子沟通找回了希望，大家想听听吗？

小谭妈妈："昨天，长辈们来我家吃冷面。吃完之后，小谭就把碗筷端回厨房，但是却被拖布绊倒了，结果冷面汤洒了一地。小谭抬头偷偷瞄了一眼我，当时我想到了长颈鹿。我没有对此做出评价，而是用观察的方式对她讲。'吓着了吧？小谭你有没有伤到哪里呀？你是想要帮妈妈的，结果冷面汤洒了，很伤心吧？'孩子突然就叫了一声'妈妈！'然后大哭了起来。我把小谭抱在怀里，自己的眼泪也不知不觉掉了下来。当时我感受到什么叫作连结，什么叫作沟通。我觉得我们之间还是很有希望的，所以特别高兴。"

听完这个故事之后，包括我的其他学员都高兴地为小谭妈妈鼓掌。之后，小谭妈妈的脸色越来越好，变得越来越温和。每次看到学员慢慢发生变化，我都会有一种成就感和幸福感。

当有人真正理解自己内心的时候，每个人都会流下快乐、感激的泪水。培养可以维持人性的能力这句话应该是在这个时候适用的吧。

非暴力沟通思维

观察，还是评价？

阅读下列句子，选择表达观察的句子。对于不是表达观察的句子，将其改为表达观察的句子。

1. "小小年纪就瞪着眼睛顶撞大人？"

2. "我女儿中学三年以来，英语成绩一直都是90分以上。"

3. "我们家孩子太没礼貌了。"

4. "姐姐没有姐姐样儿。"

5. "我家儿子坐在最后排。"

6. "考试期间你一直都没有看书。"

7. "我家孩子的班主任穿10厘米以上的高跟鞋。"

8."我家女儿就像狐狸一样狡猾。"

9."民赫身高是 182 厘米，艺瑟 170 厘米，民宇 165 厘米。"

10."老师给我打电话说孩子在课上睡觉。"

民赫对于练习题的看法

1.如果选择了这个句子，那就表示妈妈和我的意见不一致。"小小年纪就瞪着眼睛顶撞大人?"我觉得这句话是评价不是观察。听到这句话，我就想反抗。然后我也会做出评价，"这就是妈妈说的非暴力沟通吗?""跟妈妈说'我到底做错了什么?'的时候"才是观察。

2.正确！这个句子就是没有评价的观察，我们的意见是一致的。

3.如果选择了这个句子，那就表示妈妈和我的意见不一致。"没有礼貌"就是评价。"没说完话孩子就重重地关门进屋了。"这是观察。

4.如果选择了这个句子，那就表示妈妈和我的意见不一致。"姐姐要有姐姐样儿。"就是评价。"弟弟没有把冰激凌给姐姐，姐姐就一把抢过冰激凌吃掉了。"这是观察。

　　5. 正确！这个句子就是没有评价的观察，我们的意见是一致的。

　　6. 如果选择了这个句子，那就表示妈妈和我的意见不一致。我觉得这是在说我"根本没有学习"，但其实我还是学习了。根本没有学习只是妈妈自己的判断而已！可以试着用具体数字说话。例如，"5天考试期间，有3天是和朋友出去玩，并且6点才回来。"

　　7. 正确！这个句子就是没有评价的观察，我们的意见是一致的。

　　8. 如果选择了这个句子，那就表示妈妈和我的意见不一致。"我家孩子就像狐狸一样狡猾。"这也是评价。每次观察艺瑟就能发现，当我开始唠叨的时候，看电视的她就突然回屋看书了。可以把这句话改成"我的女儿，在哥哥被爸爸骂的时候，就回自己的房间学习了。"

　　9. 正确！这个句子就是没有评价的观察，我们的意见是一致的。

　　10. 正确！这个句子就是没有评价的观察，我们的意见是一致的。

理解青春期

树状突和突触连接过剩

最近，神经科学家发现青少年经历青春期是由于过剩的树状突和突触导致的。

树状突指的是，从大脑末梢的突触延伸的类似发丝的茎，与学习有非常密切的关联。在大脑中，所有新的经验和信息会形成新的树状突。青春期末期会形成 1000 亿个突触和 1000 亿个支持细胞，1000 亿个突触形成超过 10000 亿个连接，这一数字超过全世界互联网的连接数量。

因此，青春期是唤醒个人潜力的最佳时期。如果这一时期不使用某个突触，那么它就无法接入其他连接网络，最终白白消失。因此，体验各领域活动并且在其中尽情想象和思考、实践是非常重要的事情。在青春期，短期记忆能力提高30%，智力、推理能力和问题解决能力均可以提高，在这种决定性时期进行阅读、创作、音乐、运动等活动，可以使大脑能力更加出色。此时，过于沉溺于游戏或淫秽的事物可能会失去使大脑发达的关键机会。

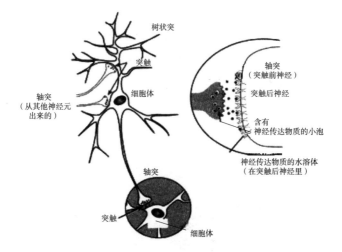

第二章

感　受

妈妈日记

在警察局遇到的女儿

艺瑟上中学二年级的时候，有天我外出回来正准备做晚饭，电话铃响了。

妈妈："您好!"

警察："请问是艺瑟家吗？您先不要激动，听我把话说完，这里是警察局。艺瑟现在在这里，麻烦您过来一下。"

妈妈："什么？我家艺瑟为什么在警察局?"

警察："她打了同学，您快过来一趟吧。"

这是什么情况？放下电话后，好一阵我才缓过神来。我感到浑身无力，内心很惊慌、震惊和担心。

努力让自己平静下来之后，我打车去了警察局，映入眼帘的就是经常在电视剧里才能见到的场景。孩子们在警察面前坐成一排，当然其中也坐着我的女儿艺瑟。

我没问孩子到底怎么回事，先一把抱住女儿，眼泪不由自主地流了下来。不管事情原委如何，看到自己的宝贝女儿像个罪人一样坐在警察局，我感到浑身无力，当看到孩子的样子后我更加惊讶和心疼，并且非常担心女儿。

事情大概是这样的。

艺瑟的学校在上周组织了为期三天的训练会。在训练会上，有个叫幼珍的孩子强迫和威胁艺瑟班级的其他孩子喝酒，抽烟，并让孩子们帮她拿书包。

训练会结束后几天，艺瑟和朋友们在洗手间碰见了幼珍。

艺瑟朋友1："喂，你以后给我小心点！"

幼珍："什么?"

朋友1："对于训练会上你的所作所为，你难道一点都不感到愧疚吗？当时是因为你们人多，所以勉强忍住了，以后要是敢再惹我们，有你好看的。臭丫头！"

幼珍："哼……你们现在不也是在拉帮结派吗？还敢说我？"

朋友 2："你看这丫头说话的态度。我们跟你们能一样吗？我们什么时候像你们一样闯祸？什么时候到处威胁人了？"

幼珍："他 * 的，一群疯子！给我闪开！"

朋友 3（推了一下）："你给我闪开！你当时在香山让我帮你拿书包是吧？当时要不是因为就我一个人，你觉得我能善罢甘休吗？你知道我当时有多愤怒吗？现在想想我依然觉得心情非常不好。"

幼珍："你刚才是推了我吗？你这个扫把星，当时那么听话，现在想起反抗了？因为现在有一大帮人给你撑腰是吧？臭丫头！"

朋友 3："你给我闭嘴，我妈都舍不得骂我，你算老几？还敢骂我？"

两个人开始推搡起来。

朋友 4（试图把两个人拉开，然后打了一下幼珍）："以后别再欺负别人！要喝酒你一个人喝！书包也自己拿着！臭丫头，我们团结在一起也很厉害，别再嘚瑟了！"

幼珍火冒三丈地跑出了洗手间，艺瑟和朋友们觉得终于出了口气，高兴地去上课了。

第二天，幼珍爸爸和幼珍叔叔找到了校长办公室。他们到学校后引发了一阵骚乱，"校长是摆设吗？这个学校是培养黑社会的地方吗？你女儿被一群人殴打之后，你还能稳稳地坐在沙发上吗？"幼珍爸爸当场就向警察局报了警。警察开始着手调查，孩子们依次被叫到警察局。不仅是动手打人的孩子，那些看着打人的孩子也成了帮凶。

后来才知道，幼珍的父母早已分居，爸爸是酒吧的老板，叔叔在帮着爸爸打理生意，他们说话非常粗暴，根本无法沟通。幼珍爸爸说女儿被打之后耳膜破裂，要求精神赔偿，并提出民事诉讼。本来就不是我家艺瑟动手打的人，是别的孩子打了人，居然演变成如此严重的事态，简直太不可思议了！

虽然觉得幼珍爸爸小题大做，但我决定还是做自己能做的事情。首先，因为不太懂法律，我们几个家长筹钱请了律师，和艺瑟一起找到幼珍妈妈工作的饭店。我觉得和幼珍爸爸无法沟通，就决定跟幼珍妈妈沟通。我一看到幼珍妈妈后，就跪在地下求她撤诉。艺瑟看到我跪在地上求人，可能吓到了，在一旁不停地哭泣，回来的路上她也一直在哭泣，她紧紧地抓住我的手说道："妈妈，对不起。都是我不好，还让妈妈为了我下跪。妈妈，我保证，以后任何事情我都会特别谨慎，不会再发生这种事情了。"

随后，我找到了班主任老师。

"老师，我现在非常难过。我很惭愧，现在心怀诚恳地来找您。您就把艺瑟当成您的女儿，可以惩罚她，但是不要把她当作坏孩子，只是为了让她变好而适当地惩罚她，行吗？"

诉讼如期进行，孩子们收到了学校要求参加志愿活动的通知，地点是在附近的康复中心，为期一周，并根据家庭法院的判决，接下来的一个月之内每天都要写检讨书。他们把一周的检讨书收起并提交至法院，艺瑟说自己没觉得自己做错了什么，但还是按照要求提交了检讨书。我为了让艺瑟暂时不参与这些活动，每天放学都亲自接送，甚至在接下来的一个月时间内，每天晚上紧紧地抓住她的手一起睡。当时我还很担心孩子因为羞愧而拒绝我，但她似乎理解了我的心情，没有表现出抗拒。一直以来因为夹在哥哥和弟弟之间，她没能充分感受到母爱，借这个机会我也可以好好地弥补一下，我特别感谢女儿能够理解和接纳妈妈。

每天接艺瑟放学回来的时候，偶尔路过炒年糕店一起去吃炒年糕，去文具店一起挑选文具，或者去化妆品店给女儿买护肤品，希望这些能够给孩子内心带来安定和平静。

后来在诉讼过程中得知，幼珍耳膜破裂并不是同学殴打造成的，而是因为被她爸爸打耳光所致。得知这一消息后孩子们终于松了一口气，整个诉讼过程耗时一年半，那段时间作为妈妈的我一直备受煎熬。

现在女儿的生活已经步入正轨，专心于学习，看着这样的女儿我非常骄傲和感激，但那段时间真的不想再回忆。

后来，每当我提起那件事情，艺瑟就会做出要堵住我嘴的动作，并说："妈妈，我特别担心自己嫁不出去，所以还是忘了吧，过去只是过去。"

孩子日记

我没有做错什么……

哼！我真的很冤枉，很气愤。

幼珍真的是个渣女……但是她却没有受到惩罚，反而是我善良的朋友们爱到了惩罚。更何况，动手打她的又不是我，只是因为在一旁目睹这一切，我居然要付出这么沉重的代价。

因为这件事情，我第一次被叫到校长办公室，甚至还光顾了警察局和法院。

幼珍是我们学校出名的混混。从一年级开始就加入了各种乱七八糟的团伙，跟一些不三不四的学姐厮混，还动不动就被教导主任惩罚，被要求写的检讨书加起来估计能堆成山了，我们学校没有人不知道幼珍的大名。

幼诊爸爸经常动手打她妈妈，后来她妈妈离家出走了。她爸爸经营一家酒馆，而且据说她叔叔在黑道很有名。她和我们学校足球协会三年级的会长发生过性关系。当时她把跟这个哥哥的事情发到微博上，学生之间流传着幼珍怀孕了的消息。妈妈要是知道幼诊的这些事情，肯定会晕过去的。

那天中午，我们很要好的 5 个朋友聚在一起聊天，跟幼珍一个班的敏智向我们哭诉那次训练会上幼珍是如何欺负她的。大家都很气愤，后来正好我们几个人在洗手间碰到了幼珍，出于义气我就警告了她。但那丫头竟然还不要脸地顶撞我们，磕碰的过程中我们发生了肢体冲突，晓静打了幼珍。

我不知道当时哪儿来的勇气，反正觉得我们几个人肯定能对付幼珍。如果就我一个人在洗手间碰到幼珍的话，可能也就瞪她一眼而已。

真到了警察局后我特别害怕，我居然到了在电视剧里才能看到的警察局……我好害怕自己就这样被关进去坐牢。

在警察局里，能看出每个爸爸、妈妈的性格。

敏智妈妈刚进警察局就开始打骂敏智："你真让我操心啊，现在开始都出入警察局了吗？还敢动手打同学？好，那我先打死你，再去死好了！"警察们好不容易才劝住敏智妈妈。晓静妈妈冷冷地瞪着我们，自言自语道："这些孩子简直疯了！"然后追问警察事情经过。而秀英妈妈因为哭闹得太厉害，警察把她赶出了办公室。瑞希的爸爸最帅了，他看了一眼由于害怕缩成一团的瑞希说道："小家伙！没事，这种事情难免会发生。"

我的妈妈好像没拿手机就出门了，一直联系不上，爸爸现在又在外地出差，所以她是最后一个到的。她惊讶地看了我一眼之后，抱着我默默地流泪。我也呜呜地哭了起来，我对妈妈觉得抱歉和羞愧。

回到家，我向妈妈保证，暂时不再跟同学过多的交往，所有事情都会按照妈妈的吩咐来做。

从那天起，妈妈每天陪我睡觉，睡觉时还紧紧地抓着我的手。哥哥打开我的房门时，假装没看见妈妈，然后又识趣地关上了门。没有眼力见儿的民宇还问妈妈是不是跟爸爸吵架了，然后自己就喊着要跟爸爸睡觉！真是无语了！

之后一个月的时间里，妈妈根据我的时间安排时刻陪在我身边。一开始觉得特别麻烦，而且在同学面前也非常丢人，我试图反抗，但几天后也慢慢适应了这种生活，而且我发现这样还有很多好处。和妈妈一起上下学，一起去蒸桑拿，一起逛街。在警察局被妈妈不分青红皂白打骂的敏智还特别羡慕我。她说，她妈妈现在不给她零花钱了，手机也不让她用了，还限制她外出。

和妈妈在一起的日子里，我体会到了三点。

首先，妈妈爱我的程度远远超出了我的想象。我一直以为妈妈更喜欢哥哥和弟弟，但是我现在发现妈妈更爱我。可能是我比较自觉，什么事情做得都比较好，所以她就放心地把更多精力花在哥哥和弟弟身上了。

其次，爸爸妈妈是真正能够保护我的存在。他们让我坚信，在任何情况下爸爸妈妈都会站在我这边。

最后，由于是母女，一起能做的事情很多，而且很谈得来。我们可以一起讨论皮肤护理或者痛经。使用棉布制作卫生巾的时候说说家里男人们的坏话，一起洗澡的时候还可以争论谁的胸部更漂亮。因为我是妈妈的女儿，她是我的妈妈，所以我觉得很幸福和感激。

非暴力沟通思维

表达感受

非暴力沟通的第二个要素就是表达我们的感受。

完成第一个要素——观察之后，重要的是针对上述观察明确表达我们的感受。知道自己的感受就说明知道自己的内心状态。知道自己的内心状态也就说明能够很好地保护自己。感受是内心的信号灯。当你正确了解自己的感受并很好地表达时，就不会发生伤害自己和他人的事情。

美国的精神分析学家罗洛·梅曾经这样描述感受："成熟的人十分敏锐，就像交响乐的不同乐章，不论是热情奔放，还是柔和舒缓，他都能觉察到细微的起伏。"

比如，"唉，烦死了！"或"气死我了！"等这种单调的表达方式，就像只能发出"哔哔哔哔哔哔"声音的坏掉的笛子一样。你听到的是蕴含各种声音的交响乐，还是单调的受损的笛声？你听到的是哪种声音与你的心态息息相关。因此，我们有必要熟悉各种表达感受的语言。

以上述接到警察局电话的艺瑟妈妈为例，联系非暴力沟通的观察和感受进一步了解一下吧。

"接到警察通知，得知我女儿打了同学进了警察局后（观察），好一阵我才缓过神来。我感到浑身无力，震惊和担心（感受）。"

艺瑟妈妈没有选择像其他妈妈一样说出"你简直疯了！"或"你太让我操心了！"等这种充满评价和判断的话语，而是采用更加成熟的方式。当她观察到自己受刺激的事实后，她把注意力放在观察后的感受上。

当把注意力放在感受上时，可以找到自己当前最迫切的愿望。这时就能了解第三个要素——需要，这样一来就能清楚自己接下来要做什么，事情就变得很清晰。艺瑟妈妈把注意力放在自己的感受上后找到警察局，见到艺瑟后她温暖地拥抱了艺瑟。也许艺瑟妈妈首先想到的是如何保护孩子，如何让孩子感受到安全感，而不是责骂。

在如今的社会中，大多数人很难自然地表达自己的感受，男性更是如此。我经常能看到两个儿子努力抑制自己想哭的冲动，每当这时我就说："哭吧，可以哭，大声地哭出来！"而爱人就会唱反调："世界需要坚强的男人，就我的妈妈需要懦弱的男人……"感情的表达不可以用来衡量懦弱和坚强。就因为是男人，所以要强忍自己的真实感受？这是何等委屈的事情啊！

这是发生在非暴力沟通练习小组的事情。（该小组是完成非暴力沟通工作坊的人都可以参加的活动，一周一次聚在一起结合实际生活练习非暴力沟通。详情可以咨询韩国非暴力沟通中心）

连续几个月都参加小组活动的男老师说："每次在练习小组上能说出平时喝酒后才有勇气说出的话"引发了大家的哄笑。对于男性而言，能够表达自己感受的机会很少，他们也不擅长表达，而且害怕表达之后的后果。

表达感受和不表达感受的差异

选择不表达感受，就要付出代价。尤其面对青春期子女无法预料到的言行或态度，我们经常会感到很受伤。在与子女相处过程中发生意外状况时，当我变得非常敏感时，如果能把注意力放在自己的感受上去表达，那么就不会出现指责或批判孩子的情况。

当孩子和妈妈拿着成绩单交谈时，每当妈妈提到学习成绩好的表兄妹，孩子会像受到刺激一样，说出"哎呀，真烦！"诸如此类的话，然后回到房间重重地关上自己的房门。对于孩子的反应妈妈非常生气，于是跑过去追问："你在哪儿学的这些臭毛病？妈妈这样教过你吗？你现在翅膀硬了，都不把妈妈放在眼里了是吗？"当妈妈这样发泄情绪时，孩子会理解妈妈吗？孩子会对自己的言行感到歉疚吗？对于青春期的孩子（额叶未完全发育，缺乏一定判断能力，由于激素分泌旺盛而情绪化严重），妈妈的这些反应可能会进一步激发他们的抵触情绪。

如果采用非暴力沟通中的两个要素"观察"和"感受"表达这种状况，就应该是"妈妈的话还没说完，你生气地重重关上房门跑进屋里，妈妈感到很惊慌和悲伤"，这样说话的时候，孩子能够意识到自己的言行让妈妈很惊慌和悲伤。但是如果妈妈总是想着要教育好孩子，要帮孩子改正不好的习惯和毛病，一味地评价和指责孩子，并强求孩子按照父母所希望的去做，那么孩子可能会变得更加叛逆。

把焦点放到自己的感受上时，使说话者具有调整自己感情的能力，从而让听者进一步了解自己的感受。怎么样？是不是很棒？

通过案例学习观察

"我要是再跟你说话，我就不是人。"

这是高二学生多松爸爸的故事。

我女儿跟我说："爸爸，了解我吗？不要假装您了解的那些事情每位爸爸都知道。"这些话语严重伤害到了我的自尊心，当时我真的特别生气，一起生活了 20 年的妻子责备我的时候也没让我有过这种感受。

我有种被侮辱的感觉，仿佛被女儿背叛似的。从出生到现在，我把所有的爱都给了女儿，她居然这么想我，感觉就像被女儿欺骗了感情一样。

她每句话都像带着刺一样，刺痛了我的心，愤怒之余我想"要是再跟你说话，我就不是人"。

妻子指责我的想法太幼稚，但如果我没有被女儿的话伤到，也不至于有这种想法。我们之间的冷战持续了一个星期。一方面害怕女儿再一次当面驳斥我，另一方面对我来说，孩子变成了一个讨厌的存在。这就是我真实的感受。

但是想起了老师说的"不要一味地判断或评价，只需要观察，了解自己的感受和需要之后再采取行动"，于是我主动跟女儿说话了。

觉察到自己的内心后，我感到非常不舍和难过。我的需要就是希望跟女儿变得更加亲密，更加真诚地沟通。所以，我按照所学内容反复练习，表达了自己的内心。后来，女儿听了我的话之后笑了，而我都快虚脱了……

多松爸爸害羞地讲上述故事的时候，似乎又体会到了当时的感受，脸微微泛红。参加培训的其他爸爸们称赞多松爸爸很好地表达了自己的感受，送给了他热烈的掌声，但其实也有遗憾的部分。虽然相比以前，他更加积极地表达和洞察了自己的感受，但表达感受时应将想法和感受区分开来。也就是说，避免将感受理解为想法附加感受的形式，如："我觉得……""我的心情……""我感觉……"等。多松爸爸说对于孩子的反应他感觉"被侮辱、被背叛和被蔑视"，但是

"被侮辱、被背叛和被蔑视"并不是感受，而是想法。只是在说出这些词汇时加了"感觉"等词汇很容易被误解为感受罢了。多松爸爸的表达中类似"害怕、讨厌、不舍、难过、虚脱"这些都是真正的感受。

要不是孩子的话太过分，作为爸爸哪会不想再说话，甚至讨厌孩子呢？如果您是青春期孩子的父母，那么肯定也会就此产生共鸣。孩子进入青春期后需要经历的混乱并不仅仅属于孩子，子女的父母也要共同经历这些。

突发奇想的问题

下面的句子是想法还是感受？

1. 我觉得我没资格做高三学生的妈妈。

2. 我觉得艺瑟很诚实。

3. 我认为家人对我最重要。

4. 我觉得这种时候就需要果断。

5. 我好累。

想法	感受
我觉得我没资格做高三学生的妈妈。	高三学生的妈妈这一角色对我来说很沉重。
我觉得艺瑟很诚实。	我为艺瑟自豪。
我认为家人对我最重要。	我最爱的是我的家人。
我觉得这种时候就需要果断。	我很难做决定。
你让我很累。	我好累。

＊观察之后洞察感受。

＊区分想法和感受，再表达感受。

感受词汇表

掌握更多能够表达感受的词汇后，可以更加准确简单地表达自己的感受。当需要得到满足时和未得到满足时能够使用的词语各不相同。让我们了解一下下列各种表达感受的词汇吧。

* 需要得到满足时表达感受的词汇

感激	心安	欣喜
感动	乐观	充满
感谢	乐天	充实
感叹	惊讶	可爱
愉快	平静	亲切
期待	兴奋	欢快
激动	踏实	生机勃勃
高兴	温暖	气喘吁吁
鼓舞	放心	顺畅
关心	满足	开心
好奇	平和	安心
安定	有趣	幸福
爱情	喜欢	辉煌
狂热	愉快	欢喜
热情	刺激	兴致盎然
光荣	冷静	痛快

愉快	亲近	心满意足
幽静	沉着	兴致勃勃
慰藉	痛快	兴奋
自豪	舒适	充满希望
自信	平安	满足
自由		

* 需要未得到满足时表达感受的词汇

烦闷	孤独	萎靡不振
担心	痛苦	无力
害怕	困难	紧张
激怒	难受	心疼
气愤	苦恼	抱歉
可笑	害怕	失望
厌倦	丢人	发火
惊讶	讨厌	心惊胆战
灰心	激愤	悲伤
冷淡	羞愧	凄凉

愤怒	愤慨	烦躁
憋	气愤	担心
惊慌	不满	心乱
恐惧	不安	可惜
伤心	可怜	心急如焚
心痛	不快	坐立不安
泄气	别扭	无情
尴尬	不幸	可恶
发抖	悲惨	哀悼
麻木	悲观	惋惜
冷漠	伤心	无语
懦弱	依依不舍	冤枉
迟钝	遗憾	不悦
恼火	厌倦	空虚
埋怨	闹心	虚脱
含冤	惨淡	憎恶
萎缩	凄凉	混乱
消沉	凄惨	荒唐

恼火	厌倦	空虚
埋怨	闹心	虚脱
含冤	惨淡	憎恶
萎缩	凄凉	混乱
消沉	凄惨	荒唐
惊讶	失魂落魄	生气
怀疑	焦躁	怀疑
绝望	震惊	懊悔
谨慎	郁郁寡欢	费劲
焦虑不安	眼馋	吃力

＊偶尔看到其他书中把感受区分为"肯定的感受词汇""否定的感受词汇",而非暴力沟通中则将"感受"与"需要"连结起来,分为"需要得到满足时表达感受的词汇"和"需要未得到满足时表达感受的词汇"。

＊非感受词汇

以下是添加"我感觉……"等像感受的词汇,需要格外注意!

090

被强迫 / 被拒绝 / 被攻击 / 被戏弄 / 被误解 / 被无视 /
被孤立 / 被抛弃 / 被困住 / 被欺骗 / 被打压 / 被利用 / 被怀
疑 / 被操纵 / 被背叛 / 被威胁 / 被虐待 / 被胁迫 / 被关心

非暴力沟通思维

充分表达感受了吗?

从下列句子中选择表达感受的句子,将不是表达感受的
句子改成表达感受的句子。

1.我觉得你无视妈妈。

2.我觉得你不爱爸爸。

3.碰到不懂的英语单词时,觉得丢人。

4.我今天想让你饿肚子。

5.我是个糟糕的妈妈。

6.为家人做饭的时候我觉得很幸福。

7.看到长出来的白头发时,我感到非常伤心。

8.看到你趴在桌子上睡觉觉得很不像话。

9.结婚20周年纪念日的时候,收到祝贺信让我非常

感动。

10. 都放假了，还要参加各种补习班的培训，让我非常烦燥。

艺瑟对于练习题的看法

1. 如果选择了这个句子，那么我和妈妈的意见不一致。"我觉得你无视妈妈。"这不是妈妈的感受，而是推测，也就是想法。

如果要表达感受，那么不妨试着这么说："每次你不回答妈妈问的话时，妈妈会感到很伤心。"

2. 如果选择了这个句子，那么我和爸爸的意见不一致。"我觉得你不爱爸爸。"这是想法，而不是感受。

如果你说"爸爸最近觉得很孤独"这样的话，我想我能够理解爸爸的心情。

3. 正确！如果选择了这个句子，我们的意见是一致的，这个句子就是表达感受的句子。

4. 如果选择了这个句子，那么我和妈妈的意见不一致。你肯定知道"我今天想让你饿肚子"，这句话就是妈妈生气时产生的想法。还不如说"妈妈很生气"。

5. 如果选择了这个句子,那么我和妈妈的意见不一致。"我是个糟糕的妈妈。"这只是妈妈自己的想法,我不这么认为。嘻嘻,因为当我想到"自己是个不懂事的孩子"时,我就觉得特别对不起父母。但我现在才知道,原来父母有时候也会觉得很对不起孩子呢。

6. 正确!如果选择了这个句子,我们的意见是一致的,这个句子就是表达感受的句子。

7. 如果选择了这个句子,我们的意见是一致的,这个句子就是表达感受的句子。

8. 你不会选择了这个句子吧?"看到你趴在桌子上睡觉觉得不像话"是想法。除了看到孩子趴在桌子上睡觉时觉得不像话之外,你还有什么感觉呢?伤心吗?难过吗?哦!担心是吧!

9. 正确!如果选择了这个句子,我们的意见是一致的,这个句子就是表达感受的句子。

10. "都放假了,还要参加各种辅导班的培训,让我有烦燥的感受。"这句话可以试着这样表达:"放假的时候很想好好休息，但需要参加各种辅导班的培训，让我很烦燥。"

理解青春期

青春期的神经传输物质

处在青春期的孩子体内，能够愉悦心情的多巴胺浓度在升高，同时用于稳定情绪的血清素浓度在降低，对新颖、危险、强烈的刺激的需要逐渐增加。

独处或父母陪伴时表现乖巧冷静的孩子，一旦与同龄人在一起，就会变得敢于冒险，情绪变得兴奋，这是由于这种神经传输物质在起作用，因此，此时的孩子需要大人给予持续关怀和爱护，替代额叶功能起到教育和保护孩子的作用。

这一时期父母和子女之间满足对方需要的方法就是不断地进行对话，以肯定的方式表达对行动的请求，这样有助于稳定双方的心态。

第三章

需　要

孩子接二连三地说谎

距英语辅导班下课已经 40 分钟了，但民赫还没有回家。以前每次放学打电话跟孩子确认他的具体位置，孩子明确地表示过不满，所以我很犹豫要不要打电话问问。作为妈妈，这是没有办法的事情，现在外面太危险了。迟疑了一会儿，我还是拨了电话。

妈妈："你在哪儿?"

民赫："辅导班门口。"

妈妈："现在还在辅导班吗? 你没坐班车吗?"

民赫："还没有，刚才有题没做完。就跟老师下课一起出来了。我一会儿坐公交车回去。"

孩子在电话那头非常安静，感觉并不像是在马路上。我的直觉往往在这种时候非常准。这小子肯定又是在说谎，于是我又打了电话。

妈妈："你说你现在在哪儿？"

民赫："公交车站，车还没来，等着呢。"

妈妈："那你在那儿等着，妈妈去接你。"

民赫："不用，车快过来了，我自己回去就行。"

今天我不能善罢甘休。一直以来，对于孩子的谎言我是睁一只眼闭一只眼，或者就直接让他蒙混过关了，但是孩子的说谎次数有增无减。虽然感觉有点难为情，但我还是给辅导班的老师打电话问了情况，老师说孩子离开辅导班已经一个小时了。可恶的小子！不知廉耻，又说谎。气急败坏的我又打了电话。

妈妈："坐上车了吗？"

民赫："嗯。"

妈妈："坐了几路公交？"

民赫："3315 路。"

妈妈："你坐公交车是在小区门口下吧？妈妈在小区门口的公交车站等你。"

民赫："不用等，我又不是小孩子……（显然是不高兴的语气。每次对自己不利时这小子就会火气格外大）"

妈妈："别说了，你坐的公交车到哪儿了？跟我说一下具体站名，说谎你就死定了。"

民赫："什么死不死的？我现在就在我们小区，您不用出来了。"

妈妈："你这小子，现在是故意气我是吧？你说你现在在哪儿？你在拿你妈开玩笑吗？妈妈现在就在小区里转悠，你告诉我你在哪儿？"

民赫："哎，我现在没在小区，您不用找我了。我就在马路对面小区里的学校操场，跟一个朋友谈点事情。"

妈妈："你在那儿别动，等我过去。你让你朋友他们先别走，都不要动。"

挂了电话一路小跑，途中我想了很多。这种时候应该怎么做呢？很想通过非暴力沟通和孩子进行有效的沟通，但我的内心已经弥漫着暴力的火焰，想要批评孩子的情绪占了上风。儿子为什么这样频繁地说谎呢？想信任儿子却又无法信任，让我无比生气，同时面对无法相互信任的母子关系，我感到非常痛心。总之，今天不能就这样不了了之，我不想原谅他。

现在已经是半夜 11 点多了，我跑过去看的时候他正在骑着自行车慢悠悠地围着操场转，肯定是先把朋友们送走了。

妈妈："你在这儿做什么呢？"

民赫："怎么了？我今天坐辅导班班车回来了。途中接到朋友的电话，然后骑着家门口的自行车就来这边了。我跟朋友说几句话都不行吗？"

妈妈："我什么时候不让你见朋友了？问题是你说谎了。你说了谎，难道一点都不感到惭愧吗？不觉得对不起妈妈吗？"

民赫："没，我是没办法才那么说的，有什么可惭愧的，更谈不上对不起妈妈。周末一去见朋友您就刨根问底，每次我问您为什么这么不相信我，您就说怕我在外面有危险，我已经不是小孩子了。我跟朋友出去又不是打架，又不是交女朋友，只是偶尔跟朋友们见面聊天而已，您从来都没在乎过我的想法。"

妈妈："因为我没法相信你。我都不知道你最近跟哪些朋友来往。你知道这个社会有多险恶吗？父母不让你做什么事情都有他的道理。我们辛辛苦苦给你创造好的生活条件，你以为外面也一样舒服和安全吗？你还不了解这个社会。"

民赫："当然，我不可能彻底了解这个社会。但在我了解的世界里，我能处理好自己的事情。所以，请您相信我。"

妈妈："可你要做得让妈妈相信啊，就像现在一样，说谎能让妈妈相信你吗？"

民赫："您不相信，所以我才会说谎。"

妈妈："臭小子，你现在是在跟我讨论鸡生蛋蛋生鸡的问题吗？你不知道有时候你说谎，妈妈也是睁一只眼闭一只眼？当然也有被你骗过去的时候，但是很多时候都是明知道你说谎，但还是没有追究。"

民赫："知道，所以我才会赌呀，就像彩票一样，说了谎没被发现那就是中奖了，被发现了就被骂一顿就是了。"

妈妈："什么？彩票？你这小子（我抬起手打了儿子的脖子）。"

民赫："您看吧，只要是不令您满意的事情您就会这样。"

妈妈："都半夜了，妈妈惊慌失措地到处跑，你都不觉得可怜吗？还有，你觉得我们这样吵架有什么意义啊？"

民赫："我就说啊，所以您以后别这样了。我又不是不回家……您就在家安心待着就行了。我不觉得妈妈可怜，也不觉得对不起妈妈。我也很伤心。"

妈妈："妈妈现在特别累，也很伤心，也不喜欢跟你这样吵。我也不想跟你变得疏远。妈妈觉得我们互相信任很重要。（突然想起非暴力沟通，试图表达我的感受和需要。）你是怎么想的？"

民赫："（面对我态度的转变，孩子似乎也镇定下来。开始用更加温柔、冷静的态度说起来了）对妈妈来说，信任很重要是吧？但是对我来说'趣味'很重要。我想玩，我想自由地活着，但是妈妈总是因为自己的需要而让我放弃趣味、玩耍。没有办法，我心里也不好受。"

妈妈："你觉得趣味和玩耍很重要吗？重要到可以抛弃妈妈的信任?"

民赫："是。"

妈妈："原来对你来说，自由、玩耍、趣味这么重要啊！但是对于妈妈来说，信任很重要。我知道了，你回去吧（面对意料之外的孩子对需要的强烈表达，我已经完全泄气了，没有心情再继续下去了。看着孩子洞察到自己真正的内心并有条有理地一一道出自己的真正需要，想想自己作为母亲，因为无法满足自己的需要而自顾伤心，而我却未能体谅孩子的需要，一股羞愧感涌上心头）。"

民赫："有点冷了，我们一起回去吧?"

妈妈："（还挺为妈妈着想的嘛……真为我着想还能这样？我感觉自己又被孩子戏弄了，情绪再次失落）你先回去吧，我要好好想想。"

民赫："快回去吧，我怕您感冒了（也许真的是为妈妈着想呢，失落的情绪变成了安心）"

看着孩子渐渐远去的背影，我在外面迎着冷风独自坐了好一会儿。我的心里仿佛也掠过一丝凉风。孩子的自由和趣味、玩耍重要到可以放弃妈妈的信任，这要怎么办才好呢。我一直以来只看到了自己需要的重要性，一味地要求孩子能够尊重我的需要。我意识到我并没有看到孩子需要的重要性。突然觉得如果不真正意识到我自己和孩子的需要，那么孩子可能会更加快速地远离我，我很害怕。

孩子日记

我最重要的需要是自由、玩耍、趣味

我说谎，只是为了争取自由而已。

学校下课后，我正在跟朋友聊天，这时妈妈来了电话，我骗妈妈说刚下课。如果跟妈妈实话实说的话，妈妈肯定会说："现在几点了？赶紧回家！"

每次想跟朋友们去看电影、唱歌、去网吧等这类关于玩的事情都要向父母请示，而且父母会非常不情愿地批准。所以我想到的办法就是说谎。被揭穿的可能性比较大，但成功的可能性也不是没有。如果能成功骗过他们，那么就是超级幸运，否则就是挨一顿责骂。

　　说实话，我觉得爸妈太过分了。我现在上高中，但是每次下课之后稍微晚点回家就会马上来电话。"在哪儿呢?"语气装得特别和蔼，但我听着就像是:"你现在在哪儿瞎晃悠呢?"接到电话如果没有立刻回家的话，他们就会不断地打电话过来，真希望他们把精力留到别的地方去。这样做会让人感到窒息!

　　我在外面最多能玩到晚上9点，在家用电脑娱乐的时间是每周两个小时。这完全就是小学生的标准。别的同学在外面玩到12点多回家也不会被父母训斥，甚至有些人在家还能随便玩电脑。我希望我晚上回家时间能够宽松一些，还希望在家能自由地玩电脑。

　　我感觉自己像被关在鸟笼里一样。对我来说，自由、趣味和玩耍很重要，我为了自由甘愿放弃任何东西。

和儿子一同成长的妈妈!

　　上述事件发生之后，我认真思考了民赫的需要。我想象着当民赫的需要得到满足时，他所感受到的幸福以及挂在脸上的微笑，这种幸福在对自由、趣味和玩耍的需要得到满足中停留了几天。

一周后正好是民赫18岁生日，我们母子俩把焦点放在需要上，聊了有关同时满足双方需要的方法。

最后，我们达成了一致。我认可孩子对自由、玩耍、趣味的需要，并尊重这些需要，而孩子也决定为了维护我们之间的信任而尽全力。我们一起讨论如何同时满足双方的需要，并列出如下规定，在实践的过程中，我逐渐寻找到和儿子之间相处的平衡。

通过孩子我学习到，相互之间的信任并不是因为某一方渴望和认为重要而建立的。

为了满足儿子的自由、趣味、玩耍等需要和妈妈的信任而协商一致的内容如下：

1. 回家时间比预想时间晚时要通知家人。

2. 妈妈不能带着控制的意图打电话。

3. 想与朋友们出去玩时应告诉家长地点和朋友名字，并按照承诺的时间回家。

4. 回家时间定为10点。特殊情况下，与父母协商后可进行调整。

5.玩电脑时间应自行控制，并在日志中记录。父母若认为安排不妥时可以调整其使用时间。

非暴力沟通思维

需要是感受的根源

非暴力沟通的第三个要素是觉察到感受的根源——需要。

当我们产生某种感受时，肯定有其产生的原因，而不是因为某件事或某种情况或某个人而产生感受。事件、情况或人可以成为某种感受的刺激源，但并不是这种感受的根源。

民赫进入青春期之后，说谎的次数逐渐增加。当意识到儿子说谎时，妈妈会感到非常郁闷和悲伤。这个时候很容易将郁闷、悲伤的根源误解为民赫说了谎，但是真正的原因是妈妈内心渴望和孩子建立信赖关系，并且希望真诚地和孩子沟通的需要。

民赫每次跟妈妈说谎时似乎都有点顾虑，但又感到很快乐。因为做不到坦诚地对话，他心里难免会不舒服，但这样可以满足自己有趣和玩耍的需要。

如果想知道自己真正想要什么或者看重什么，那么就要仔细体会自己的感受，努力寻找其感受产生的根源。

当我们指责、批判或解释的时候，说明我们歪曲地表达了我们未得到满足的需要，希望大家能记住这一点。

比如，孩子在学校打架，妈妈接到班主任电话，这时候，怒气未消的妈妈说出"你要是上学天天打架的话，趁早退学算了！"会怎么样？妈妈心里希望让孩子退学吗？妈妈想说的应该是："妈妈希望你在学校能和同学和睦相处，快乐地学习。这样妈妈才能安心。"但是，我们并没有将自己的需要如实地表达出来，而是习惯性把未得到满足的需要像上面那位母亲一样用悲剧性的方式表达出来。可能是因为我们从来没有学过思考和处理自己的需要和想法的方法。

在日常生活中，觉察到我们的需要是非常重要的。

当表达我的需要并与其他人的需要进行连结时，我们就能相互获得满足感，并寻找相互得到满足的方法，从而才能变得快乐，因为大家都愿意为了丰富各自的生活而努力。只有在倾听对方的需要时，我们才能和对方保持连结并进行共情。

所有人都有需要，需要对每个人都很重要。

我们一起想想需要词汇中的"尊重"好吗？

尊重并不是只属于特定人的需要，尊重对于所有人都很重要。我们自己得到尊重固然重要，但是他人得到尊重对我们来说也很重要。当看到其他人得不到尊重时，我们也会愤愤不平，这是因为尊重具有普世性，人人都有得到尊重的需要。

"我想和孩子沟通"，当有人说出自己的需要时，肯定没有人会说"这人真讨厌！"或"怎么还有这样的愿望？"等。因为沟通对于任何人来说都是必要的和重要的。

当了解到自己必要的、自己认为重要的、自己真正希望满足的某种需要时，这种需要才有可能得到满足，因为我们会按照自己的需要采取行动。同样，当了解到对方必要的、对方认为重要的、对方真正希望得到满足的需要时，也就能明确地懂得能为对方做什么。

突发奇想的问题

民赫的需要是什么?

1.民赫晚归接到妈妈的电话时,就会感到心烦和闹心。民赫是因为哪种需要未得到满足而感到心烦和闹心呢?

2.对于民赫的晚归,妈妈感到担心和焦躁不安而给民赫打电话。妈妈希望通过打电话满足哪种需要呢?

我们可以这样思考!

1.晚归的民赫需要的会不会是妈妈对晚归的"理解和接纳"呢?但每次民赫接到妈妈电话时,就觉得妈妈是在怀疑自己或者想让自己尽早回家,于是就会产生更加强烈的抵抗情绪。

2.妈妈通过打电话想得到的是民赫"安全"的信息和妈妈的"情绪稳定"吧?妈妈希望民赫安全回家,并且希望通过获知民赫现在所处的情况而获得"情绪的稳定"。

我们共有的人类的基本需要

自律性

可以选择自己梦想、目标、价值观的自由

可以选择能够满足梦想、目标、价值观的计划和方法的自由

纪念的意识

庆祝生命的诞生或梦想的实现（一周岁、生日、发布会、演奏会）

哀悼爱的人或梦想的丧失（葬礼）

相互尊重

理解

情绪的稳定

正直

尊重

支援

亲密感

自我肯定

相信自己的存在

创造

意义、含义

自我信赖、自我尊重

玩耍

欢笑

趣味

心灵感应

美丽

灵感

秩序

和谐、协调

平和

身体成长

空气

水

食物

动作

运动

休息

从威胁人体健康的细菌、昆虫、肉食动物中得到保护

性表现、居住、接触（身体方面）

区分需要和手段或方法

自己所希望的并不完全都是需要。我们很容易将需要，手段或方法三者混淆。我们要分清楚是为了满足需要而采取的手段或方法，还是真正的需要。

妈妈因为功课与子女发生争执的情况很多吧？比如，一位妈妈对子女说："妈妈觉得认真完成功课是最重要的。"那么功课是需要还是手段或方法？

如上所述，需要是适用于所有人的普遍价值观。如果

功课是需要，那么对于任何人来说功课都是有价值的。而实际上，不同人的不同价值观，有人认为功课重要，而有人却不这么认为。所以，功课不是需要，而是手段或方法。

如果孩子功课好，妈妈的哪些需要会得到满足呢？如果妈妈希望孩子功课好，将来成为有能力的人，那么妈妈的需要是"能力或力量"。如果希望孩子通过功课茁壮成长，那么妈妈的需要是"学习或成长"。

如果需要是"能力"，有人会将"功课"作为方法，有人会使用"烹饪"作为方法，还有人会使用"美容"作为方法。

如果妈妈对子女说："妈妈希望你功课好"，孩子却说"可我不想好好做功课"时，很难再继续对话。因为手段或方法有冲突的时候，人与人之间会产生冲突，不想再进行对话。但是如果彼此的需要相同的时候，针对手段或方法，我们可以进行对话。

妈妈对子女说："妈妈希望你成为有能力的人，你是怎么想的?"孩子回答："我想成为中餐厨师，将来成为世界闻名的高级厨师。"妈妈："要想成为中餐厨师，需要准备什么呢?"孩子："需要考厨师资格证。"当你正确表达需要的时候，双方之间会产生连结，可以进行有效沟通。

我们希望跟其他人亲近的时候，想要满足的需要是"亲密关系"。为了满足此需要能采取的手段或方法有一起吃饭、一起旅游、一起喝茶。或者也可以一起去洗澡、一起喝酒、一起运动。

如果有人向你提议："我们一起去泡澡吧?"你会觉得怎么样呢? 如果是不太喜欢跟他人一起泡澡的人会很难接受这个提议。这个时候，如果意识到对方提出一起泡澡是为了满足"亲密关系"这一需要，就可以问对方："我想跟你变得亲密，我们能一起做什么呢?"这时我们就能一起寻找彼此接受的手段或方法。

"今天晚上可以一起吃饭吗?"

"不了，今天约好跟孩子们一起看电影，明天中午一起吃饭怎么样?"

除了泡澡外，能够变得亲密的方法有很多吧!

如民赫在日记中所述，民赫为了满足自己自由、玩耍、有趣的需要而选择了"说谎"的手段或方法。

说谎并不是民赫的需要，这一点大家肯定也意识到了吧? 所以, 如果妈妈抓住民赫的说谎行为不放的话, 两个人就无法继续沟通下去。如果妈妈把焦点放在民赫通过"说谎"这一手段想要满足的需要时, 母子俩才能形成连结。

民赫的需要是自由、玩耍和有趣。妈妈的需要是亲密关系和信赖。当意识到并尊重对方的需要进行沟通时, 才能找到满足彼此需要的方法。

突发奇想的问题

试着将下面的手段或方法用需要表达出来。

	手段或方法	需要
1	妈妈讨厌你们吵架。	
2	不要骂我!	
3	我觉得钱最重要。	
4	娱乐对我们来说多重要啊!	
5	放过我吧!	

我们可以这样思考！

1. 妈妈讨厌你们吵架。→ "妈妈希望你们和睦相处。"

2. 不要骂我！→ 我需要得到尊重。

3. 我觉得钱最重要。→ 我想过安逸的生活。

4. 娱乐对我们来说多重要啊！→ 我们需要有趣。

5. 放过我吧！→ 我想休息。

通过案例学习观察

每天放学后去网吧玩 3 个小时才回家的太郎

以下是妈妈通过学习非暴力沟通而化解和儿子之间矛盾的故事。

太郎妈妈在非暴力沟通工作坊中讲述了自己儿子的故事。高一学生太郎每天放学后就去网吧玩 3 个小时游戏才回家。他跟父母每天都在为这个事情吵架，太郎主张"只要我功课好不就行了吗（太郎现在成绩处于全校前 10 名以内）"，他说玩游戏就是缓解压力的一种方法，对自己非常重要，而妈妈则怕儿子沉迷游戏而影响成绩。

太郎妈妈说，看到儿子每天在网吧玩游戏到晚上 7 点才回家就感到生气、惆怅、悲伤。

我问太郎的妈妈，希望孩子放学直接回到家做什么呢？太郎妈妈说，希望孩子回到家后吃东西、休息、看书、看报纸，等等。我再问，太郎吃东西、休息、看书、看报纸时你的哪些需要会得到满足呢？妈妈思考了一会儿说"成为有能力的人"和"学会自律"。然后，当我再次问哪些需要是重要的时，太郎妈妈早已泪眼汪汪，说特别想和太郎变得亲近，能够好好沟通。

后来得知，太郎妈妈为了攒钱买一套属于自己的房子，孩子一生下来就将他送到乡下奶奶家里，直到太郎上小学的时候才把他接了回来。太郎回来之后，她发现孩子的习惯和行为跟她自己亲自养大的弟弟妹妹很不一样。通过太郎的言行，她看到了婆婆的不良习惯，而对婆婆的不满情绪也就自然而然地投射到太郎身上，这时太郎就会站出来阻止妈妈埋怨奶奶："妈妈也没有养我""不要骂奶奶"……妈妈和太郎变得越来越疏远，孩子化孤独为读书的动力，功课成绩很好，但是放学之后为了逃避妈妈的唠叨而选择在外面玩耍。

一回到家，太郎和妈妈就会展开心理战。妈妈对儿子的态度心怀不满，所以会不断地唠叨。她对于从小没有照顾的儿子心存愧疚，但儿子对妈妈的态度又非常强硬，所以母子之间的关系变得很僵。

那么太郎的需要是什么呢？

放学回来之后，孩子们肯定是想休息。没有人干扰的自由而舒适的那种休息！如果成绩好，那么可以相信孩子有自我控制能力。如果妈妈不是总唠叨"看书吧""读报纸吧"那么情况可能会有所转变。

太郎会不会也有跟妈妈亲近的需要呢？而且还希望能够得到更多的母爱。孩子说"您又没有养我，请不要说奶奶的坏话"，这表明孩子希望妈妈能够尊重和关心奶奶。孩子对于妈妈在照顾自己上的疏忽仍然存在不满，当发现自己远没有比弟弟妹妹更受妈妈喜爱时，可以推测他是在表达惋惜和烦闷的感受。看来他与母亲真的需要好好沟通。

推测出儿子的感受和需要后，太郎妈妈哭了很久。最终，她发现了自己和儿子的需要是相同的，那就是亲密关系和沟通。当需要相同时，我们可以更好地寻找满足彼此需要的方法，进而提升幸福感。

太郎回到家后，不要让他看见满脸写着不满和怒火的妈妈，给他露出充满宽容和母爱的笑脸，太郎会有怎样的感受呢？从小由奶奶带大的太郎和妈妈之间确实需要一段时间培养感情。如果能够让太郎感受到妈妈对他的爱，能够对妈妈产生亲密感，那么对于太郎来说，放学回家将是件非常幸福的事情。相比仅仅只是能力出众的孩子，能够感受到母爱的孩子会不会更幸福呢？

我让太郎妈妈想象一下，如果妈妈和儿子之间充满了亲密感并且能够沟通无阻的话会怎么样。妈妈的表情立刻"变晴"。妈妈说自己明确感受到了自己的需要并体会到孩子的需要，自己知道该怎么做了。

过了一周，来参加工作坊的太郎妈妈心情明显好转。明确了自己和儿子需要的太郎妈妈，现在每次看到儿子放学回家就会亲切地问："回来了？"而不是像从前一样满脸怒火地说："今天是不是又去网吧了？影响到学习怎么办？"每天给太郎做好吃的，问问学校发生的事情，也会给孩子讲讲妈妈今天遇到的事情，努力满足他"亲密感和沟通"的需要。一开始太郎可能还不太适应，但后来也逐渐开始跟妈妈聊天了。和妈妈说说笑笑，有时还开玩笑，两人的关系变得越来越好，后来太郎就不去网吧而是直接回家了。

明天，太郎有可能去网吧，但是他能够体会到和妈妈和睦相处的快乐，这就是进步。妈妈理解太郎的需要，而太郎也意识到了妈妈的需要，母子间的沟通将变得更加顺畅，太郎也更加喜欢回家，因为他在家能感受到快乐和舒适。

非暴力沟通思维

意识到需要了吗？

这是觉察需要的练习。选择说话者已经觉察到自己感受的根源——需要的句子。

1. "孩子顶撞时我真的感到很绝望，我希望我们之间能够互相尊重。"

2. "没有学过非暴力沟通的妈妈比我这个学了一年多的妈妈还会跟儿子沟通。"

3. "我家孩子玩的时间比学习时间长。"

4. "每到孩子考试期间，为了给孩子们加油打气，我会尽量早点回家。"

5. "希望老师对孩子们不偏心。"

6. "妈妈身体不舒服时需要得到帮忙和关心，你帮我做家务，妈妈很感动。"

7. "看到你和哥哥吵架妈妈很伤心，对妈妈来说兄弟之间的和睦很重要。"

8. "爸爸希望在任何情况下都能与你进行连结、进行沟通，看到你跟爸爸说男朋友的事情，爸爸感到很安心。"

9. "看到你亲切地跟爷爷奶奶打电话问候，妈妈觉得特别欣慰。妈妈希望你能跟爷爷奶奶很好地进行连结。"

10. "爸爸翻看了我的手机短信，我感到心情不好。"

民赫对于练习题的看法

1. 正确！如果选择了这句话，说话者已经意识到了自己感受的根源——需要，我们的意见是一致的。如果孩子尊重你就不会顶撞你。

2.如果选择了这句话，那么和我的意见不一致。如果想表达感受和感受背后的需要，可以这么说，"看看没有学习过非暴力沟通的人比学习一年的我还善于跟子女沟通时，我感觉羞愧，我也希望能够尊重和爱孩子，能跟他们好好沟通。"

3.如果选择了这句话，那么就和我的意见不一致。我们从观察开始重新来怎么样？"每次我家孩子看30分钟书，然后玩4个小时的时候，我就非常烦闷和担心。真希望孩子能够自己管好时间，这样我就能安心了。"

4.正确！如果选择了这句话，说话者已经意识到自己感受的根源——需要，我们的意见是一致的。这种加油打气对每个人都非常重要。

5.如果选择了这句话，那么和我的意见不一致。"每当看到老师讨厌某个学生的时候我就会感到心痛，希望孩子们能得到公平的待遇。"这样的话足以表达需要。

6.正确！如果表达出需要得到帮助和关心，那么别人会努力寻找帮助和关心你的方法。总比"你知不知道妈妈身体不舒服啊？"这种表达要好很多。如果选择了这句话，说话者已经意识到了自己感受的根源——需要，我们的意见是一致的。

7. 正确！说话者已经意识到了自己感受的根源——需要，我们的意见是一致的。相比"不要打架"，"和睦相处很重要"这种表达更能打动人心。

8. 正确！爸爸很重视连结和沟通。我也希望与父母进行连结和沟通。

9. 正确！我也知道，老人尤其需要温暖。

10. 如果选择了这句话，那么就和我的意见不一致。如果想要表达感受和感受的根源——需要，则可以这样说："爸爸，我希望自己的隐私得到尊重。您翻看我的短信，我心情非常不好。"

非暴力沟通练习

你的感受和需要是什么？

在以下情况中你的感受和需要是什么？

1. 从学校回来的女儿身上有烟味。

感受：

需要：

2. 白天听其他家长说成绩单已经发出，但问孩子的时候孩子回答说"没有，还没有发给我们。"

感受：

需要：

3. 大儿子说"我家太没意思了。"

感受：

需要：

4. 小女儿说："妈妈，我们班一个男生跟我表白了，怎么办呀?"

感受：

需要：

5. 孩子半小时前已经前往辅导班，但辅导班来电话说孩子缺席。

感受：

需要：

6. 双亲节的时候收到孩子的康乃馨和贺卡。

感受：

需要：

7.孩子说"妈妈有必要知道吗?"

感受：

需要：

8.爸爸和妈妈大声吵架。

感受：

需要：

9.朋友说"你还是我的朋友吗?"

感受：

需要：

10.爸爸说"爸爸有你这样的女儿很幸福。"

感受：

需要：

关于练习题民赫的回答

1.**感受**：担心、受挫

需要：健康、信赖、清晰

2.**感受**：疑惑

　　需要：清晰、信赖

3. **感受**：遗憾

　　需要：趣味

4. **感受**：快乐

　　需要：亲密感、沟通

5. **感受**：担心、荒唐

　　需要：孩子的安全

6. **感受**：高兴

　　需要：爱、亲密关系、认可、连结

7. **感受**：惋惜、茫然

　　需要：亲密、沟通

8. **感受**：不安、无力

　　需要：和平、安全、休息

9. **感受**：难过

　　需要：友情、接纳、理解、一惯性

10. **感受**：满足、幸福

　　需要：认可、连结、爱、安全

理解青春期

青春期孩子的激素：睾酮

青春期的孩子之所以会做出难以理解的行为，主要是由过剩的激素分泌所导致的。青春期男孩体内会分泌高于儿童期 1000 倍以上的雄性激素。过剩的激素分泌导致声音和身体发生变化。激素过度刺激已经变大的扁桃体，最终导致孩子的愤怒、攻击性、对性的关心、控制、占有欲，等等。因此，孩子会为了缓解这些压力而做出冲动的行为。这一时期，父母应同理孩子们的感情，真实地表达自己的感受和需要，重要的是教会孩子们如何调节自己的情绪。

第四章

请 求

妈妈日记

哎呀！我的命好苦！

　　刚从超市回来，这两天因为身体不舒服一直躺着休息，现在家里乱成一锅粥了。每天早晨孩子们嚷嚷着没有吃的，没有穿的。也许他们认为，妈妈是不能随便生病的吧。

　　他们怎么都不懂得为我着想呢？丈夫和孩子都一样。现在家里到处都是灰尘，也没有人主动提出要打扫，让我感到伤心和烦躁。

　　费力地把买来的东西拿回家，放到门口后，我就彻底没力气了，索性就躺到沙发上。这时，艺瑟和民宇一起回来了。

艺瑟、民宇："我回来了。"

艺瑟："妈妈去超市了吗？我喜欢的香蕉牛奶买了吗？"

她翻了一会儿购物袋，从里面找出一个香蕉牛奶，一边喝一边回到了自己的房间。

民宇："姐姐真自私，就知道自己吃！妈妈，有没有买面包呢？"

妈妈："找找吧，妈妈买了你喜欢的芝麻面包。"

这时民赫回来了。

民赫："我回来了。"

妈妈："嗯，快进屋吧。"

民赫："妈妈！我今天想吃辣牛肉汤，我看您刚从超市回来呢。Please！"

我躺在沙发上，气不打一处来。这些孩子知不知道自己的妈妈生病了？有三个孩子能怎么样？竟然没有一个人帮我把购物袋拿到厨房的，我终于忍不住发作了。

妈妈："你们是不是觉得我现在特别健康？拖着生病的身体好不容易去了趟超市，你们居然没有一个人想着要把购物袋放到厨房？我是你们的保姆吗？我生病的时候你们帮我什么了？天天嚷嚷着没吃的、没穿的，我真的脑子进水了，生了你们三个没用的……"

孩子们可能是被我的激烈反应吓到了，纷纷跑出来将购物袋放到厨房，然后把东西放进冰箱。

妈妈："牛肉不要放进冰箱里，泡在水里就行。"

孩子们："好!"

好不容易释放完悲伤的情绪，起身去做了晚饭。丈夫下班回家了。

爸爸："你现在看起来好点了! 今晚是辣牛肉汤吧，真香!"

艺瑟轻轻推了一下爸爸。

爸爸："怎么了？你觉得不好吃啊? 对，民赫喜欢辣牛肉汤吧?"

我从饭桌起来走到阳台，把洗衣机里的衣服拿出来晾。民宇连忙跟过来帮我一起晾衣服。

民宇："妈妈，还是我最心疼你吧?"

妈妈："嗯……快去吃饭吧!"

爸爸："老婆，你吃完饭了吗? 吃完饭再晾衣服吧。"

妈妈："你觉得我现在能吃得下饭吗？觉得我病好了是吗？大人都这样，孩子们能好到哪儿去？只要有你们吃的有你们喝的，就什么也不管了是吧？"

爸爸："老婆，遇到什么惹你生气的事吗？你今天有点敏感啊！"

妈妈："什么？敏感？我能不敏感吗？想想你生病的时候吧。那么大的块头，一到生病就让我做这个做那个。我这才病几天啊？你看看这屋子还是人住的地方吗？所有的毛巾都被拿出来用了，冰箱里一点吃的都没有，你们也太过分了吧！我实在看不下去了，拖着生病的身体去了趟超市。你看现在，我拿着这么重的衣服走过去，你不还照样坐在那里吃饭吗？"

爸爸："你这人，你需要我做什么我怎么知道？你让我做就行了。现在要晾衣服是吗？你要跟我说我才能知道，你说了我肯定去做呀。"

妈妈："你是孩子吗？我得一一说出来才知道是吗？"

爸爸："唉！我家老婆大人又生气了。对不起啊！孩子们愣着干嘛？民宇晾衣服，艺瑟洗碗，民赫拿吸尘器打扫卫生。"

孩子日记

妈妈以为我们是鬼

妈妈总是动不动就指责我:"你也太反复无常了。"但是我觉得我这种反复无常是随了妈妈的。今天也一样。我在购物袋里找香蕉牛奶的时候,妈妈的态度还挺和蔼的,但是哥哥说他想喝辣牛肉汤的时候,妈妈就开始发火了。爸爸回来以后,妈妈的火气进一步升级。狡猾的民宇趁机帮妈妈晾衣服逃过一劫,但是没有眼力见儿的爸爸、哥哥,还有我,我们三个人忍受妈妈的怒火。

其实遇到这种事情可以好好表达的,但是妈妈总是歇斯底里地表达。我们又不是妈妈肚子里的蛔虫,怎么可能完全了解她的内心,然后按照她的想法去做。有时候妈妈的要求真的有点过分,她希望每件事情我们都能自己掂量着做。就像爸爸说的一样,妈妈哪里不舒服,希望家人做什么,等等,把这些一一告诉我们,然后提出请求让我们去做,我想我们家可以过得更加幸福。

每次妈妈生病我都很郁闷,家里只有我和妈妈两个女人。一旦妈妈生病，我要做的事情就会急剧增加。

这次也一样。妈妈患流感身体不舒服，所以偶尔由爸爸做饭，但是他做一次饭至少要叫我十次。"艺瑟，酱油放哪儿了？""香油在哪儿？""海带汤放葱还是不放？"真是烦死了。

不过，我们都以我们的方式努力了。每天早晨爸爸叫我起床时也没有偷懒，每天下课我也直接回到家里。辅导班和课外要做的事情也很多，但是为了让妈妈少操心，我比平时更多地照料民宇。妈妈应该学会提出请求的方法。希望妈妈也能学会当有人对她提的请求表示拒绝时不生气的方法。

非暴力沟通思维

让生活变得丰富多彩的请求

非暴力沟通的第四个要素就是请求。提出非暴力沟通的马歇尔主张"让生活变得丰富多彩的请求"，而不是单纯的"请求"。为了让自己的生活变得更加丰富多彩而向他人提出请求，学会这种提出请求的方法将是件很有意义的事情。

表达对观察的感受和需要，在找到能满足我的需要的方法后，提出具体的请求。

在民赫妈妈因为生病而卧床不起的时候，没有向家人提出请求让家人协助她吧？刚开始指望着家人能够意识到妈妈的困境而主动帮忙料理家务，但事情丝毫没有按照她的设想发展，一开始她感到遗憾，之后加上了自己的各种判断和想法，逐渐演变为伤心和怒火。有时候我们凭借一起生活了很久或关系很好等事实而盲目地希望对方能够洞察我的心思，但是这种方式往往得到的却是失望和不幸。以下就是表达类似情况的句子。

"你跟我一起生活了20年，这种事情还要我说出来才懂吗？"

"我忍着剧痛生了你，又养了你30年，你都不知道妈妈的意思吗？"

"你都17岁了，还不知道自己应该做什么吗？"

就算是一起生活20年的夫妻、30年的母子、17岁的小大人，如果不表达出来，对方也没有办法满足我的需要。

如果民赫妈妈跟放学回来的孩子们说："帮妈妈把门口

的购物袋放到厨房好吗？再把购物袋里的冷冻食品放到冰箱里。"如果她选择这样说话会怎么样呢？在生病期间跟丈夫说："能帮我洗一下衣服吗？""家里没吃的了，帮我去超市买回来好吗？""老公，帮我擦一下地。"如果我说出这样的话，情况就会向更好的方向发展。

民赫妈妈希望的是在自己生病期间家人给予自己关怀和帮助。但是如果不提出请求的话，她与满足需要的方法只会越来越远。

照顾我灵魂所愿的方法就是"请求"。

使用肯定性的语言提出请求

提出请求的时候，相较提出自己不希望的，更重要的是提出自己希望的。

想必大家小时候都有过这样的心路历程，大人不让做的事情更想做，不让去的地方更想去，不让吃的东西更想尝一下，也许这就是所有人的共性吧。

因此，当使用"肯定性的语言"提出请求时我们才更有可能满足自己的需要。比如：相比"不要弄乱屋子好不好"，

"把屋里的衣服挂在衣柜里好吗？"这句话更有助于让听者按照我们的请求去行动。

使用肯定性的语言的优点就是让请求变得更加清晰。

假设向子女提出请求："别玩电脑游戏了好吗？"虽然是很温柔地提出请求，但是这请求对于不同的听者可以解释为多种含义。有些人认为"不要玩电脑游戏"，那么会拿出掌中的游戏机继续玩游戏。这种情况下，如果跟对方说："你已经玩游戏快两个半小时了，希望你遵守跟妈妈的约定，只玩两个小时。"这种沟通方式会更加明确。

提出具体的行动请求

有些人提出请求时会做出抽象或模糊的表达，这样无法帮助对方做出有效的行动。

比如："妈妈要去趟奶奶家，你自己看着办吧。"那么孩子可能不知道自己该做什么事情，最终什么也没做。如果用"妈妈要去趟奶奶家，你做完作业以后和弟弟一起吃饭好吗？"这样的表达会怎么样呢？

具体的行动请求可以推动对方采取行动。

举一个饭店的例子。如果心里想着："我们带着孩子过来的，厨师应该不会把菜做得特别辣吧？服务员也会给我们提供儿童用的叉子吧。"但是实际上饭店的厨师和服务员很难意识到顾客的需要并满足顾客。"我们带孩子过来，麻烦你跟厨师说一下，饭菜不要太辣，麻烦拿一个儿童用的叉子。"当这样提出请求的时候别人更有可能满足我的需要。

不久之前，跟一个朋友去小区附近的西餐厅吃饭。因为是第一次来这个西餐厅，味道没有想象中的好吃，于是我叫住了负责点餐的服务员。

"这道菜的味道跟我的预期不一样。味道太咸，而且汤太少。希望能帮我想办法调一下味道，你觉得可以吗？"

这时饭店老板过来了。

"需要我重新给您做一份吗？"

"不用，我想点其他的菜可以吗？"

"可以。那您点其他的菜吧。"

吃完饭买单的时候，老板向我表达了歉意，给我免去了饮料费用。老板说："女士，非常抱歉。我们会继续改善，希望您下次再光临。"

假设，如果我强忍着对食物的不满，并且没有提出请求的话，我的情绪可能会一直受到影响，并且买单的时候也会以不耐烦的语气表达不满。但是实际上老板接受了我的请求，而且充分关照了顾客的心情而做出了让步，并向我提出请求让我再次光临这家餐厅。后来我对这家西餐厅产生了信赖，有重要的聚会活动时，时常会选择这家餐厅。

怎样做才能使对方以舒适的心情接受请求呢？请在表达时注意以下几点。

有意识地提出请求

我们有时候什么话都不说，也希望对方能按照我们的意愿去做。或者有时候即便自己婉转地表达，也希望对方能够正确理解自己的意图，能明白我们在提出怎样的请求。

"房间都乱成什么样了？能不能收拾一下呀！"或者"每次进你的房间我都感到很生气。"当妈妈说出这种话时，孩子能听懂妈妈正在提出请求让他打扫房间吗？

"校服在床上，袜子在椅子上……妈妈进你的房间就觉得很压抑。现在希望你配合收拾一下房间，把衣服挂到衣橱，袜子放到洗衣机里面，好吗？"这样说的效果肯定和前述情况大不一样。

对现在立刻能做到的事情提出请求

子女小时候会听到父母的这种请求。"以后等你结婚了也会跟妈妈一起生活吧？"或"等你长大工作后，每个月要给爸爸 3000 元的生活费。"等等。

这种请求不好拒绝，但是答应更难。一旦答应，如果以后无法兑现承诺，孩子就会有负罪感。

当你想对未来要发生的某件事情提出请求的时候，请先确定现在能否答应做到这件事。

比如："现在能不能答应妈妈，上了大学后周日回家跟家人一起吃晚饭？"好于"我希望你上了大学后周日回家吃晚饭。"

让生活变得丰富多彩的请求不是讲很遥远的未来发生的事情，而是把焦点放在当前能够做到的事情。比如，"吃完晚饭后能帮我扔一下垃圾吗？""从学校回来的路上能帮我买袋面粉吗?"

请求的种类

请求分为连结请求和行动请求。

首先了解一下什么叫作"连结请求"。连结请求是指,询问对方听了我的话之后有什么样的感受和想法。

比如,"听了妈妈的话有什么感受呢?""听了爸爸的话你有什么想法?""已经玩了一个半小时的电脑了。希望你能遵守约定,只玩两个小时。你觉得呢?""爸爸问你话的时候你不回答,爸爸会很伤心,爸爸很想跟你沟通……听了爸爸的话你有什么感受?"这种请求对方说出自己感受和想法的请求就是连结请求。

"行动请求"指的是请求具体行动。

"帮我把校服挂到衣橱里面好吗?""能把袜子放到洗衣机里吗?""能帮我扔一下垃圾吗?"如上述,就是针对现在、立刻能采取的行动提出的请求。

但是提出请求时需要注意一点。在不表达说话者感受和需要的前提下,只是一味地提出请求的话,不管是连结请求还是行动请求，很容易被听成是命令。因此，重要的是以非暴力沟通的四要素来进行表达。

特别是处在青春期的少年会习惯性的抱有抵抗情绪，往往将大人的话听成指责或操控，所以和这些孩子说话时最好表达最真诚的感受和正确的需要。

以观察的方式表达自己在某种情况下受到的刺激，通过其观察表达自己的感受和感受背后的需要，然后提出请求，那么我们的需要得到满足的可能性就随之升高！

区分请求和强求

提出请求后，当对方没有接受该请求而指责或批判对方时，那么提出的就不是请求，而是强求。请求就是要想到对方拒绝的可能性并接纳这种拒绝的态度。如果听到请求的人因害怕受到指责或惩罚而无法选择拒绝，那么这时提出的同样是强求。

面对请求，人们通常选择服从或反抗。因此，明确向对方表示，只要在能够欣然接受的情况下，接受请求也是对对方的一种关怀。

相比"把垃圾扔了","能帮我扔垃圾吗?"这句话能够使听者以愉快的心情接受请求。

假设早晨孩子要出门上学,这时跟孩子说"出去的时候顺便帮我扔垃圾好吗?"时,孩子说:"不要,我不喜欢穿着校服扔垃圾。而且我现在忙着呢。"这样会怎么样?

此时,妈妈说:"哦,原来是担心弄脏校服啊。还想按时到学校是吧?"以稳定的情绪认可孩子的需要,就说明你提出了正确的请求。但是如果"随手扔垃圾有什么难的?一家人之间理所应当互相帮忙……你怎么只会考虑自己呀?"这样愤怒的话,就不是请求,而是变成了强求。

提出请求的人能够表现出理解对方需要的态度,能够同理被拒绝的人,是真诚地提出请求的方法。

在提出请求的时候,如果我们心里有如下的想法,我们提出的就是强求,并不是请求。让我们一起了解一下。

*就要:

子女就要服从父母。

家人之间就要齐心协力。

大人叫你就要回答。

自己的房间就要自己收拾。

*理所当然:

学生学习是理所当然的事情。

父母抚养孩子是理所当然的事情。

学生把头发弄得整齐是理所当然的事情。

子女听父母的话是理所当然的事情。

*应该:

我们家孩子应该获奖。

你应该受到惩罚。

你的成绩下滑也是应该的。

*有权利:

我有权利接受你的好待遇。

我有权利受到尊重。

我有权利责备你。

当心里充斥着"就要""理所当然""应该""有权利"这种想法时,跟孩子提出请求就会遭到拒绝,父母便会做出指责或批评。认为"子女就要服从父母"的妈妈跟孩子说:

"能帮我擦一下客厅吗?"听到孩子回答:"我现在很忙,我讨厌擦地"时,父母就会非常生气吧? 因为孩子在拒绝做自己应该做的事情。

认为孩子放学后就应该立即回家的父母,一旦碰到孩子晚归的情况,就会立刻发怒,而且晚归的程度和发怒的等级成正比。因为孩子在拒绝理所当然的事情。

认为"父母有权利责备孩子"的人,一方面给自己赋予了一定的正当性,而另一方面过分责备孩子的可能性也很高。

以"就要""理所当然""应该""有权利"等这样的想法提出的就是强求而不是请求。

对方拒绝自己的请求时变得不愉快或生气是由于将对方的拒绝态度视为了对自己的拒绝。但是我们应该理解对方拒绝自己的请求是为了满足其他需要。总之,当我们能够接受对方的其他需要时,相互之间就不会失去连结感,才能进行同理。

突发奇想的问题

从以下句子中选择请求具体行动的语句

1. 你要理解妈妈。

2. 能给我倒杯水吗?

3. 你现在能判断自己要做什么了吧?

可以这样思考

第二个句子才是请求具体行动的语句。当听到这种请求时，或者立刻倒杯水送过去，或者太忙表示拒绝并提议请其他人帮忙，总之听到这句话后可以立即做出具体行动。但第一句和第三句都不是具体的行动请求。话语过于模糊和抽象，无法理解要求对方具体做什么。这种话当然无法让听者立刻采取行动了。

通过案例学习观察

低年级学生的钱就是我的钱

喜善是艺术高中二年级学生。去年入学后经历了很多让人惊慌的事情。喜善每次见到高年级学生时都会打招呼。但是回应她的就是"喂！你有钱吗？给我10元！"就这样，钱莫名其妙地被抢走，或者"喂，给我借20元。"但从没还过钱，他们甚至让喜善去小卖店买牛奶和饼干，也不给她钱。喜善去年的零花钱中一半都是用于满足这些高年级学生的无理要求。

现在喜善是二年级学生了，看着新入学的学生，想到自己能用同样的方法挽回损失，她心里一阵喜悦。她终于等到了一个机会。在小卖店买饮料时，正好碰到一个看起来傻傻的一年级学生。

"喂，一年级的！给姐姐点钱。"

"啊？"

"听不懂吗？给我钱！ 10元就行。"

"哦，给你！"

事情发生后的第二天，喜善妈妈接到了学校老师的电话，据说那位一年级学生的妈妈找到学校并表示抗议。

喜善根据学校规定进行了为期一周的公益活动，然后还要在一年级全体学生面前正式道歉。

喜善认为这种行为就是学校的风气，为了发泄去年受到的委屈而第一次犯错误，她也觉得很冤枉。就犯了一次错误，就要在一年级全体学生面前正式道歉，她觉得这种惩罚真的太重了。认真听完喜善的解释后，妈妈鼓起勇气决定找到校长提出请求。

"老师！接到电话后我就立刻跑来了。我跟喜善确认过了，事情确实是她做的。喜善跟低年级学生要钱的行为虽然是第一次，但是也是错误的行为。根据学校规定做社会公益活动是应该的。但是在一年级全体学生面前正式道歉的事情让喜善非常不安。她感到很羞愧，不敢站在一年级全体学生面前。以后她还要上学，碰到一年级学生会感到很惭愧和难过。我希望喜善能够以稳定、快乐的心情上学。她自己也受惊了，所以以后肯定不会再做这种事情了。现在她也不断反省着，您看能不能取消公开道歉，改成向受害学生道歉呢？"

校长认真地听取了喜善妈妈的请求，后来，喜善找到那位一年级学生，真诚地表达了歉意。从此，喜善学习更加努力，最终考上了重点学校。

如果喜善妈妈没有找到学校提出请求，那么事情会演变成什么样呢？在一年级全体学生面前公开道歉后，由于羞愧和忧郁，内心备受煎熬，进而对学校生活的热情消失，最终影响学业。

喜善妈妈找到校长后没有为女儿辩护，更没有批评学校的决定，而是很好地应用了非暴力沟通。说出了自己观察到的事实，把焦点放在感受和需要上提出了请求。

从这个事例中可以看出，请求可以让我们的生活变得丰富多彩。正如马歇尔所说的。现在开始就是你的选择时间，你会选择提出明确的请求吗？

非暴力沟通思维

是否是明确的请求？

从以下句子中选出提出明确的行动请求的句子。将未被选中的句子修改为提出明确请求的语句。

1. "这周末我想去家族旅行，你觉得怎么样？"

2. "学生就应该把头发弄得整齐一点。"

3. "妈妈外出8点左右能回来，晚饭自己吃吧？"

4."老实说吧!"

5."你要有经济观念。"

6."我想得到你的关心。"

7."妈妈希望你下课后在学校做数学题,你觉得妈妈的这个提议怎么样?"

8."懂点事吧!"

9."裙子的长度能再延长 2 厘米吗?"

10."你能尊重爸爸吗?"

艺瑟对于练习题的看法

1.如果这个句子被选中,那么我们的意见非常一致。"你觉得怎么样?"应该就是"连结请求"吧?每次被这样询问时,我们的内心就会非常舒服。如果事先跟朋友有约,我也会如实地说出来吧。

"啊,周末和朋友有约呢。您突然告诉我,我有点不好选择。"

那妈妈肯定会这么说:"哎哟,对不起!是太突然了,那怎么办呢?爸妈觉得这周合适。"那我会根据自己的心情选择将事先的约定改期，或者也可以拒绝妈妈的请求。

不管做出什么样的选择，重要的是我们并没有断开连结，我们是相互连结着的。如果妈妈说"这周末要去家族旅行，你们不要约朋友，准备旅行时要带的东西吧"，那结果是显而易见的！

2. 如果选择了这句话，那么和我的意见不一致。"学生就应该……"这种表达方式让我们非常不高兴，可不可以选择这种请求方式呢？"把卷发拉直，扎个辫子或者剪成短发你觉得怎么样？"

3. 正确！这句话就是请求。这种请求是可以拒绝的吧？或许对方不但不会拒绝，而且会做得非常完美。

4. 如果选择了这句话，那么和我的意见不一致。"老实说吧！"这句话已经蕴含着我是个不诚实的人的评价。可以换成这种方式："能告诉我放学后去了哪里吗？"

5. 如果选择了这句话，那么和我的意见不一致。"你要有经济观念。"这句话已经蕴含着"你没有经济观念"的指责，太抽象太不具体化。可以选择这种方式："我希望你花钱的时候能有一个大致的规划，你觉得怎么样？"

6.如果选择了这句话，那么和我的意见不一致。我并不知道您需要什么样的关心。"妈妈现在闹肚子，能不能给我买碗粥回来呢？"这样沟通会更好。

7.正确！这应该就是连结请求了吧？这种情况下我可以毫无保留地说出自己的见解。

8.如果选择了这句话，那么和我的意见不一致。和朋友们聊天时，大家一致认为父母说的最难听的话就是"懂点事吧！"可以这样说："这个暑假想不想去残障中心做公益活动？"

9.正确！这个是非常具体的请求。"你这还是学生吗？""那还是校服吗？""你放学后要去哪儿瞎混？把裙子弄成那样？"等诸如此类让我们很伤心的话。

10.如果选择了这句话，那么和我的意见不一致。尊重的方法有很多种，您希望是哪种呢？如果具体指出希望我们能够做到的，那么会更加有效。比如："爸爸问你话时，能不能回答爸爸呢？"

理解青春期

提示行为的结果

对于青春期孩子，有必要向其提示相关行为的结果。

青春期孩子的大脑中额叶处于未完整发育的状态，因此很难做出正确的判断。

用于做出正确决定的核心的大脑能力还处于幼儿的状态。因此，很难意识到自己的行为对未来造成的影响。

所以，他们走路会闯红灯，而且预见不了闯红灯可能造成车祸，以为车辆会自行躲避行人。没有避孕的情况下发生性关系时，想不到可能因此导致怀孕。抢低年级学生的钱时，想不到后面会发生什么事情。总之，这些孩子总是幻想着所有不幸都会避开自己。

因此，能够做出正确判断和决定的大人应该通过和孩子的沟通起到指南针的作用。接受他们的感受和需要，努力和孩子保持心连心的真诚对话。

第三部
梦想着长颈鹿妈妈

第一章

听到不中听的话时我们的四种选择

妈妈日记

爸妈死后也会哭得那么伤心吗?

妈妈:"谁呀?"

艺瑟:"是我,还能是谁呀?"

妈妈:"怎么刚回来就发脾气呀? 出什么事了?"

艺瑟:"没有,就是觉得活着挺没意思的。"

妈妈:"小小年纪居然说这种话! 先去洗洗吧,妈妈炸了面包圈。"

最近,艺瑟变得特别敏感和易怒,尤其对于我们家三位男性更是冷酷。丈夫对女儿感到寒心,而哥哥民赫天天挥着拳头表示不满，努力忍受着艺瑟的冷嘲热讽，而艺瑟和民宇一天要吵上好几次才罢休。

进房间脱校服的艺瑟不知道怎么回事突然满脸怒气地跑出来大吼。

艺瑟："妈妈！谁进过我的房间？"

妈妈："怎么了？刚才民宇说今天辅导班有等级考试，一直在找笔……"

艺瑟："看我怎么收拾这臭小子……"

妈妈："你怎么又这样说弟弟啊？我说过不要骂民宇吧，连我也不怎么骂他呢，作为姐姐你就更不应该骂他呀！到底是怎么回事？"

艺瑟："他在 BTS 的海报上面用签字笔描了线条。妈妈，你看嘛！臭小子，等他回来看我怎么收拾他！"

妈妈："你怎么知道是民宇画的？而且看着也不是很明显呀！"

艺瑟："妈妈你总是这样庇护民宇，所以他才这个样子。"

妈妈："喂！你这样妈妈很不高兴，不要再说了。"

　　偏偏在这个时候，民宇进屋了，每次民宇的出现都会引发一场骚乱。

　　民宇："我回来了。妈妈，你在哪儿呢？我觉得今天等级考试考得特别好……如果我一下通过两个等级，妈妈你可别高兴得晕过去呀！妈妈！你在哪儿呀？我回来了！"

　　艺瑟："吵死了！如果连考试都通不过那就是白痴了，不嫌丢人啊？到处瞎嚷嚷……傻瓜，少吹牛，赶紧给我进来一下。"

　　民宇："我姐姐真没教养！对人客气一点吧。我来啦，怎么了？"

　　艺瑟："这是你干的吧？在 BTS 签名上用签字笔画的？"

　　民宇："嗯，是我。怎么了？我只是想试试签字笔好不好用。"

　　艺瑟："臭小子！你还敢承认？你就不怕别人说你是傻子吗？妈！你看，就是他干的，臭小子！气死我了！你给我恢复原样，你要负责！"

　　民宇："哼！我应该往脸上画上一笔。姐姐都初三了，怎么还这么幼稚？"

艺瑟："你知道我多爱惜这个签名吗？这是用钱都买不到的，我在粉丝后援会活动了好几年好不容易才得到的，现在怎么办？BTS接下来的一段时间内都没有演唱会，也不会参加节目。妈妈！您也要负责，您是怎么管儿子的？我说过不要让民宇进我的房间。妈妈，您究竟为我做过什么呀！"

妈妈："你给我打住，越来越不像话了，什么话都能说得出来！他自己长着脚，我还能天天跟在他屁股后面吗？生气就能随便乱说话吗？还有，妈妈很不喜欢你那么骂弟弟。你以后不要在妈妈面前骂弟弟，知道了吗？还有你，民宇！以后不要碰姐姐的东西，赶紧出来跟姐姐道歉。"

艺瑟开始放声大哭。抱着BTS的海报，嘴里还念叨着"哥哥们，我对不起你们！我没有守护好你们！"简直不可理喻，有什么守护不守护的？BTS又没死，真不知道爸妈死了之后她会不会哭得这么伤心。

艺瑟没有吃晚饭，一直哭了三四个小时，眼睛肿成一条缝。民宇嘴里唠叨着姐姐不接受自己的道歉，然后时不时地经过艺瑟房间看一眼，民赫就在一边看热闹偷笑。以考取重点高中为目标是好事，艺瑟只是借助 BTS 来缓解学习压力，她变得敏感和感性，就像一只生气的小猫。

可以为了一点小事嘻嘻哈哈，但也为了一点小事大动干戈……还有动不动就骂弟弟，口无遮拦。弟弟完全就是她的出气筒。再怎么生气也不能说"妈妈总是这样庇护民宇，所以才导致他变成这样。""您到底为我做过什么呀！"现在想想心里还是很不舒服。

我今天心情这么低落，但她明天就会忘记今天的事情，然后因为学校里发生的事情哈哈大笑。今天嚷嚷着到处发火的和明天嬉笑着聊天的都是一个人，也就是我的女儿。我要以更宽容的心爱我的女儿。我像她这么小的时候也如此情绪化吗？我准备今天打电话给我妈妈问问。"你比她更严重。"妈妈会不会这样回答我呢？

孩子日记

坏小子！我的弟弟！

真不知道妈妈是怎么想的，生下了民宇。我觉得自己真的要被他折磨死了。最近准备高中入学考试本来就很累，再加上一个学习不好、还不懂事的弟弟。没有被他折磨过的人是无法理解的，那简直就是地狱。

民宇动不动就进我的房间，随便动我的东西。尤其是我新买的文具，我都不知道他是怎么知道我刚买了文具。不说一声就随便拿走，有时候丢了，有时候还弄坏。臭小子，不知道这家伙以后能做什么。而且就像今天一样动不动来个特别烦人的恶作剧。上次偷偷吃了我为 BTS 哥哥们准备的巧克力，然后我们就大吵了一架。

妈妈给我重新买回来以后虽然我心里好受了一些，但那次差点把我气死。还有一次用签字笔在在珍哥哥的脸上画了胡须，气得我差点当场晕过去。我当时真的太生气了，就打了他几下。如果妈妈没在家，我会打得更狠……妈妈说民宇因为早产，出生之后在早产婴儿保育箱里待着，所以平日里格外照顾他，总是觉得民宇现在健康地成长，就是对爸妈最好的报答，所以爸妈总是一味地偏向他。他们说民宇 7 岁上学可能被同学欺负什么的……那小子 7 岁入学后，我比妈妈还辛苦。小学的时候，每天早晨我要把他送到他们班门口。

当时他还小，还很可爱，但现在满脸都是青春痘，身上还有味道，脏兮兮的。这种臭小子还有资格在 BTS 哥哥的脸上乱画？简直无法原谅。想来想去还是不能缓解自己的情绪。明天趁妈妈不在要好好教训他！

非暴力沟通思维

接受现实情况的四种态度

非暴力沟通中第二个要素——"感受"。在某种情况下根据我的期待或必要的内容有所改变，但也可以根据接受现实情况的态度发生变化。当听到不中听的话时，我们可以从如下四种反应中选择其一，根据听者的态度可以分为豺狗耳朵朝内（豺狗 in）、豺狗耳朵朝外（豺狗 out）、长颈鹿耳朵朝内（长颈鹿 in）、长颈鹿耳朵朝外（长颈鹿 out）。那么我们来进一步了解一下。

①豺狗耳朵朝内（豺狗 in）：埋怨自己，认为指责和批评是针对个人的。

当妈妈听到艺瑟说"妈妈总是这样庇护民宇，所以他才这样"时，就把这句话当作是艺瑟指责自己的话语，埋怨自己说："对，我确实总是庇护小儿子。所以民宇才这么不懂事。从女儿嘴里听到这种指责，我好难过啊！"这就是豺狗耳朵朝内（豺狗 in）的方法。

②豺狗耳朵朝外（豺狗 out）：埋怨对方，指责、批评对方。

当妈妈听到艺瑟说"妈妈总是这样庇护民宇，所以他才这样"时，可以指责艺瑟说："我庇护什么啦？你长大后生了孩子就知道了。你怎么专挑那么难听的话说呢？真讨人厌！"这就是豺狗耳朵朝外（豺狗 out）的方法。

③长颈鹿耳朵朝内（长颈鹿 in）：觉察自己的感受和需要。表达时，把焦点放在自己的感受和需要上。

当听到艺瑟说"妈妈总是这样庇护民宇，所以他才这样"时，我的感受是什么，这种感受背后的需要是什么，当意识到这些时我们可以这么说：

观察：听到"妈妈总是这样庇护民宇，所以他才这样"。

感受：遗憾、不愉快。

需要：我觉得公平地对待你们三个很重要。

请求：你是怎么想的?

④长颈鹿耳朵朝外（长颈鹿 out）：觉察对方的感受和需要。表达时，把焦点放在对方的感受和需要上。

当艺瑟说"妈妈总是这样庇护民宇，所以他才这样"时，艺瑟的感受是什么，这种感受背后的需要是什么，当意识到这些时我们可以这么说：

观察：你刚才说："妈妈总是这样庇护民宇，所以他才这样。"

感受：看来你有很多不满。

需要：你希望妈妈对民宇更加严格是吧。你希望你的隐私得到保护。

请求：听了妈妈的话你有什么想法?

妈妈觉得艺瑟说的"您到底为我做过什么呀!"也很难

听，那么将这句话作为例子再对这四种态度做一下练习。

①豺狗耳朵朝内（豺狗 in）：埋怨自己，认为指责和批评是针对个人的。

当艺瑟说："您到底为我做过什么呀！"时，妈妈可以自责地说："你说得对，妈妈没有为你做过什么，妈妈还有很多不足，听你这么说也没什么可抱怨的。"这样说会很容易顺着子女的指责，导致自己因为自责而抑郁或难过。

②豺狗耳朵朝外（豺狗 out）：埋怨对方，指责、批评对方。

当艺瑟说"您到底为我做过什么呀！"时，妈妈可以埋怨对方并以攻击性的语言指责对方，如"这样还不够吗？你还要我怎么做，对你妈妈已经仁至义尽了！"或者"那你为我做过什么？像你这么自私的人我还是第一次遇到。"

③长颈鹿耳朵朝内（长颈鹿 in）：觉察自己的感受和需要。表达时，把焦点放在自己的感受和需要上。

当艺瑟说"您到底为我做过什么呀!"时，我的感受是什么，我这种感受背后的需要是什么，当意识到这些时我们可以这么说：

观察：听到"您到底为我做过什么呀!"

感受：很泄气，很不舒服。

需要：妈妈为了好好教育你尽了最大的努力，妈妈想得到认可。

请求：你是怎么想妈妈的话的?

④长颈鹿耳朵朝外（长颈鹿 out）：觉察对方的感受和需要。表达时，把焦点放在对方的感受和需要上。

当艺瑟说"您到底为我做过什么呀!"时，孩子的感受是什么，这种感受背后的需要是什么，当意识到这些时我们可以这么说：

观察：你说："您到底为我做过什么呀!"

感受：看来你是有什么伤心的事情。

需要：你希望妈妈能满足你的心愿是吗?

请求：能不能具体告诉妈妈?

当听到不中听的话时，选择"豺狗耳朵朝外"会因为埋怨对方产生的愤怒而奋力对抗。选择"豺狗耳朵朝内"就会不断埋怨自己并产生忧郁感、自责感和羞耻感，进而伤到自己。

当以豺狗方式表达时，我们之间的关系就会断绝，并且会失去选择长颈鹿耳朵的力量。

记住，当听到不中听的话语时表现出的反应是可以选择的。选择"长颈鹿耳朵朝内"同理我的感受和需要，选择"长颈鹿耳朵朝外"同理对方的感受和需要。

当以长颈鹿方式表达时，我们就具有了选择的力量，相互之间可以紧密相连并保持亲密感而进行有效沟通。

青少年认为父母的话语中最难听的话有如下几种：

"你有没有脑子啊？"

"你还是高中生吗？"

"你这样还能上大学吗？"

"中学生连这个都做不了吗？"

"你是傻瓜吗？"

"你怎么这样子啊？"

"你为什么活着呀？干脆死了算了。"

"你看看人家。"

上述这些话谁听了都会感受到人与人之间的断绝感。这些话的说话者完全没有考虑听话者的心情和具体情况。我们有必要分析一下，那些不断地向子女说出这类话的父母的内心。会不会是父母批评子女的时候，歪曲地表达了自己没有得到满足的需要呢？

当我们要指责或批评子女时，我们要暂停激动的心情，认真地想想我们想要的是什么，然后表达我们需要的内容。记住，同理自己、同理对方，并以怜悯之心相互连结，寻找双方都能够得到满足的方法。

通过案例学习观察

接下来通过案例来学习四种态度。

再婚的智厚妈妈的痛苦

智厚妈妈再婚已经五年了。与前夫生下一儿一女两个孩子后，由于没有能力抚养，离婚时只好留给前夫。前夫再婚后，智厚妈妈与现任丈夫结婚，她的现任丈夫有一个初中二年级的儿子和一个小学五年级的女儿。后来，他们重新组成家庭并生下小女儿，现在小女儿5岁，儿子已经20岁，女儿也已经是高三学生了。

父母再婚时，正处于青春期的儿子因为和朋友打架，多次被带到警察局，但是幸好现在并没有走弯路，智厚妈妈因此对儿子心存感激。

这五年来，智厚妈妈尽最大努力抚养着丈夫和前妻的孩子，一开始这些孩子对智厚冷冰冰的，一口一个"阿姨"，不过现在都改口为"妈妈"了，他们很喜欢这位妈妈，这个和睦的重组家庭也备受他人的羡慕。

但是20岁的儿子偶尔也会和智厚妈妈发生矛盾。智厚妈妈有时候想，自己把亲生儿子丢给前夫，而自己去照顾别人的儿子，很多时候心里充满了负罪感，偶尔也会感到愤怒和悲伤。孩子们每次令人操心时我就会很难控制情绪。不仅自己屡次受伤不说，还很难和孩子进行沟通，所以她迫切需要与孩子进行有效沟通的方法，于是参加了非暴力沟通工作坊。

在课上，智厚妈妈公开了几天前和大儿子的对话内容。

智厚："我要搬出去住。"

妈妈："……"

（我感觉一直以来的努力都白费了。为了不让别人说孩子是因为忍受不了后妈而搬去外面住，智厚妈妈决定来硬的。）

"什么？你要搬出去住？你以为我会怕你搬出去住吗？我能把自己那么年幼的孩子都丢在那里不管，你搬出去对我来说根本算不了什么！你要是搬出去，我就把你的房间改造一下给小女儿住。"

智厚："是吗？您好像等我这句话等了很长时间了，那我搬出去好了。"

（据说，智厚那天出去后，第三天才回来。）

诚心诚意地把孩子养大后，心里想着这下可以放心过日子了，谁会想到大儿子说要搬出去住，智厚妈妈说，这句话对她来说是最不能容忍的。本来就对丢给前夫的孩子们心存愧疚，每次现任丈夫的孩子让她伤心时，就会觉得这些孩子身在福中不知福，会感到愤怒，进而采取"豺狗耳朵朝外"

的方式与他们沟通。

当智厚妈妈学完"听到不中听的话语时可以选择的四种态度"之后，她了解到和儿子的对话妨碍双方沟通的原因。智厚妈妈听到儿子要搬出去住，真的感到担心和不安。那么多难关都顺利地通过了，好不容易建立起了融洽的母子关系，突然来一句他要搬出去住，她觉得很不可思议。智厚妈妈真心希望能够爱护儿子，跟儿子好好相处，希望儿子能更喜欢这个家，她真的非常害怕儿子搬出去。

但当时智厚妈妈选择的却是豺狗的方式。她没法表达担心、不安、恐惧的感受，也没有表达希望今后一家人和和睦睦生活的需要。智厚妈妈完全没有向儿子表达自己的内心，而且她阻止儿子搬出去说的话也都是充满威胁的豺狗语言。

用豺狗式的语言表达很容易让对方产生误解。孩子可能会误会为："你已经20岁了，现在也要自立了。这下能给我的小女儿腾出一个房间，这是好事。"儿子可能会感到误会并受伤。

智厚妈妈通过课程学习到如何以长颈鹿的耳朵倾听儿子说话，那天晚上回去之后他们重新聊了这件事情。

观察：智厚，妈妈听说你要搬出去住的时候。

感受：妈妈当时觉得心都碎了，感到非常不安和空虚。

需要：妈妈希望能把更多的爱给你，希望一家人和和睦睦地在一起生活。

请求：你是怎么想的？

智厚突然抱住妈妈，说很抱歉让妈妈这么担心，自己也希望一家人在一起开心地生活。妈妈和儿子的需要是相同的，所以他们肯定能够变得更加亲密。

以长颈鹿方式说话时，我们可以在保持原有连结感的同时向对方传达自己真正的感受和需要。这就是沟通，这就是连结。

但是豺狗的方式会如何呢？不仅不能把我的感受和需要传达给对方，甚至会伤害对方。

当听到不中听的话语时，瞬间的选择可以让我们变得幸福，也能让我们变得不幸。如果当时没控制住自己的情绪而没有选择长颈鹿方式，那么事后我们也可以反省当时做出的不理智的选择，记住长颈鹿的含义和长颈鹿语言的四个步骤，展现出选择的力量。

非暴力沟通练习

四种态度是什么?

1. 当听到孩子说:"我的事情我自己会处理,妈妈还是管好自己吧!"时

① 豺狗耳朵朝内(豺狗耳朵 in)

② 豺狗耳朵朝外(豺狗耳朵 out)

③ 长颈鹿耳朵朝内(长颈鹿耳朵 in)

④ 长颈鹿耳朵朝外(长颈鹿耳朵 out)

2. 最近孩子对我说的最刺耳的话是什么?

子女的话语:_____

① 豺狗耳朵朝内(豺狗耳朵 in)

② 豺狗耳朵朝外(豺狗耳朵 out)

③ 长颈鹿耳朵朝内（长颈鹿耳朵 in）

④ 长颈鹿耳朵朝外（长颈鹿耳朵 out）

艺瑟对于练习题的看法

1. 当听到孩子说"我的事情我会自己处理，妈妈还是管好自己吧!"时

① 豺狗耳朵朝内（豺狗耳朵 in）

"对，这孩子比我强。我作为妈妈连自己的事情都处理不好，还被女儿这么说，我是一个不称职的妈妈，我还是把家务做好算了……"

艺瑟：如果听到妈妈以这种"豺狗耳朵朝内"的方式抱怨，我可能会感到更烦。

② 豺狗耳朵朝外（豺狗耳朵 out）

"你怎么处理？到现在你的那些破事都是怎么处理的？别净说大话了! 还有，你让妈妈管好自己是吧？你这丫头简

直口无遮拦，你现在是打算跟妈妈吵架吗？"

艺瑟：您这样说话真有可能吵起来。因为我也像妈妈一样，火冒三丈。"豺狗耳朵朝外"方式就是火上浇火。

③ 长颈鹿耳朵朝内（长颈鹿耳朵 in）

"妈妈听到你说'我的事情我自己会处理，妈妈还是管好自己吧！'时，妈妈觉得很遗憾，妈妈很想跟你聊聊你现在做的事情，而且妈妈很在意和你的关系，你是怎么想的？"

艺瑟：妈妈如果选择用"长颈鹿耳朵朝内"方式说话，那么我肯定会倾听妈妈的感受和需要。我会明白，原来我这样说话会让妈妈很伤心，原来妈妈也很希望能和我沟通，能和我变得更加亲密呀！

④ 长颈鹿耳朵朝外（长颈鹿耳朵 out）

"听到你说'我的事情我自己会处理，妈妈还是管好自己吧！'时，看来你很伤心。你很希望妈妈相信你、支持你对吗？"

艺瑟：我说话态度很恶劣，妈妈反而选择"长颈鹿耳朵朝外"的方式回应我，那么我能感受到妈妈的爱。当妈妈能够理解我的内心状态，理解我的真正需要时，我会变得平静和舒心，而且还能进一步确认，其实我自己的内心也充满着关心。

理解青春期

女儿的激素

青春期女孩由于激素的分泌，乳房发育、骨盆扩张、开始来月经，并且随着女性激素的分泌，情绪起伏非常大。一秒钟之前还感觉这个世界如此美丽和有趣，但是一秒钟之后眼中可能处处是地狱。父母有必要理解和引导青春期女孩的情绪变化。当女儿情绪上受到伤害时，用心倾听她们的心声，鼓励孩子寻找一种能够排解这种抑郁情绪的方法。另外还要教育孩子不要因为情绪起伏而伤害到他人，同时也不要压抑自己的真实感受和需要。

比较青春期女孩和男孩，我可能觉得女孩的学习能力更强。这是因为杏仁核是睾酮的组合和支点，而雌激素有利于记忆。基于这种情况，女孩的记忆能力可能更强于男孩。

第二章

同理倾听

妈妈日记

妈妈，我想我可能考不上大学了！

最近，民赫要参加期中考试。

高中生的期中考试时间太长了，一天考一个或两个科目就需要一周的时间才能考完。在我看来，这种考试方式通过突击也能应付过去，但是孩子却没有很认真地复习，而且心态也不是很好。不管是考试的孩子还是在旁边照看的妈妈，两个人都筋疲力尽。

我削了民赫喜欢吃的梨走进他的房间，看到他正在望着窗外发呆。

妈妈："干吗呢？是在休息吗？"

民赫："没有，只是觉得很烦闷。"

妈妈："很烦闷？"

民赫："嗯，我觉得高中生活太无趣了。"

妈妈："看来你最近很累啊？"

民赫："嗯，特别累。我感觉自己可能考不上大学了。觉得学习很没意思。"

妈妈："那怎么办……你都有这种想法了。来让妈妈抱抱我们家的大儿子。"

这种时候应该说什么呢？孩子长大了，身高已经比我高20厘米，抱着已经长成大人的儿子，我能够感受到他的心跳声。"扑通扑通……"的心跳声像儿子在喊：很烦闷，而且很不安。

妈妈："所以你才这样泄气，这样坐立不安吗？"

民赫："嗯，我真的希望哪怕有一门科目能够激起我的热情。"

妈妈："看来你很担心，心里很焦急。"

民赫："嗯，特别担心和焦虑。"

妈妈："你希望自己能对学习感兴趣而且成绩优秀是吗？"

民赫："嗯，是。"

孩子肩上的担子轻了一大截。斗志昂扬地跟爸妈抵抗的样子已经彻底消失不见，现在他就像听话的婴儿一样往妈妈的怀里钻。我抱了他好一会儿，看来他心里舒服了很多。

民赫："妈妈！没事了，您出去忙您的。我吃完梨，还要继续看书。"

妈妈："知道了，妈妈出去了。有需要就跟妈妈说一声。"

当时想着要跟孩子说点同理的语言，但实在想不起来要说什么，于是就抱住了儿子，感受儿子的心跳声，听到儿子的心声。"现在孩子的感受和需要到底是什么呢？"想到这些我也很难过。如果问我学习非暴力沟通后有什么改变，那么就是不会随便说出妨碍和孩子沟通的话语。当不知道应该如何同理倾听时，只要陪着孩子就行。这样就能很自然地倾听孩子的感受和需要。

孩子日记

我也想好好学习

我知道自己要努力学习，也知道学习的重要性，但学习的过程却并不那么顺利。我无法长时间集中精力学习，效率很低。真希望可以遇到令我真正感兴趣的科目，哪怕就一门。其他科目虽然没兴趣，但我知道也不能放着不管。

因为心理压力，我不出去玩，想学习但很快又走神。爸妈和老师看着我很揪心，但其实最难受的是我自己。

看着无能为力的自己，无力感越来越强烈。

如果妈妈像曾经那样评价、指责我说"又在发呆！"或"什么时候才能懂事、自觉地学习呢？"的话，我可能会跟妈妈大吵一架。但是妈妈看到我发呆后没有评价也没有指责，只是温暖地抱住了泄气的我。妈妈试着感受我的内心，试着理解我。

在妈妈怀里我心里好受了一些。真的很感激妈妈，于是我决定再次集中精力学习。今天我好像跟妈妈特别有默契。

非暴力沟通思维

就是原地陪伴

非暴力沟通中，"同理倾听"指的就是倾听他人，观察、感受、需要和请求。

此时，我们要做到的就是腾出内心的空间，全身心地去倾听。不要计划或企图任何东西，抛开任何成见或判断，才能同理他人。不要想做什么，只是在那里与那个人在一起。

很容易同理他人，却在面对自己的孩子时做不到，这是因为父母自以为很了解孩子。除此以外我们在养育孩子的过程中积累下来的成见妨碍了我们同理孩子。

民赫妈妈既没有评价孩子的话，也没有反驳孩子的话，更没有试图改变民赫的想法，当然也没有参与孩子的思考。只是陪在孩子的身边。

"原地陪伴"，就是同理倾听。

妨碍同理倾听的 10 种类型

民赫说"妈妈，我觉得自己可能考不上大学了，我觉得学习很没意思"时，妈妈如果选择以下10种对话方式，情况会变成什么样呢？有时候我们打着同理倾听的旗号却表现出妨碍同理倾听的态度。

① 忠告 / 建议 / 教育

如果妈妈对民赫说："上高中的时候任何人都可能产生这种想法吧。过了这阵应该就好了。要不然，咱们换一个辅导班？"那民赫会有什么样的反应？

"嗯，可能吧。我知道妈妈的话都是为我着想，都是对的。不用装作征求我的意见，就听从妈妈的决定吧。"此时，我觉得自己非常无能，也很无力。

② 分析 / 诊断 / 说明

如果妈妈对民赫说："看来你开始对学习有了无力感，你肯定是最近太累了才会有这样的想法。"那民赫会有什么样的反应？

"有点累，但不是很严重，您不用担心。有几门课我还在努力学习，所以应该不会对学习产生无力感。"

③ 更正

如果妈妈对民赫说："你说什么呢？像你这么聪明的孩

子……"或者"怎么可能没意思呢？你从小就那么喜欢学习。"那民赫会有什么样的反应？

"聪明一点用都没有，妈妈您不也知道吗？在我的记忆里自己从来都没有喜欢过学习。不要试图操控我！"

④ 安慰

如果妈妈对民赫说："你该有多累才会产生这种想法呀？很难过吧？"那民赫会有什么样的反应？

"妈妈，要不我去国外留学？现在好像有点晚了，而且我也没有太大的兴趣。所以，只能这样活着是吧？"

⑤ 讲述自己的故事 / 附和

如果妈妈对民赫说："天啊，你跟妈妈太像了。妈妈像你这么大的时候也有过这种想法，你姥姥当时都操碎了心。"或者"我也觉得家务实在无聊，有时候真想离开家跑到荒无人烟的山里面不出来。"那民赫会有什么样的反应？

"看来我还是随了妈妈。所以，妈妈以后不要总说我了。还有，再怎么样您也不能有离家出走的想法呀。就算有那种想法也不能说出来嘛。家人会很受伤的，妈妈又不是小孩子，唉……"

⑥ 转移话题

如果妈妈对民赫说："算了吧……现在所有小孩都跟你一个想法。"或者"不要那么想，我儿子考不上大学，那所有人都别想上大学了。"那民赫会有什么样的反应？

"大学我会好好考的，我的意思是我们真的挺可怜的。学生时代这么忙忙碌碌、提心吊胆，什么时候能放心玩呢？都说变成大人之后有足够的时间去玩，但是心态早就不一样了吧。"

⑦ 同情 / 可怜

如果妈妈对民赫说："那怎么办呢？你现在离高三还远着呢。"或者"世界上最可怜的就是学生了。"那民赫会有什么样的反应？

"妈妈，我怎么觉得您在嘲笑我呢？那好，我回房间了，我不需要您的同情。"

⑧ 调查 / 审问

如果妈妈对民赫说："班主任跟你说什么了吗？"或者"是最近才这样？还是初中的时候这么想过？"那民赫会有什么样的反应？

"不知道，只是觉得学习很累。不过，不都是那么过来的吗！别这么刨根问底了，挺烦的。"

⑨ 评价 / 嘲笑

如果妈妈对民赫说："你知道现在对你来说有多重要吗？你怎么能说出这样的话？"或者"你看看，你看看，别人都在看书的时候，就你在这儿发呆疯玩……"那民赫会有什么样的反应？

"我也想学习呀，但是不能集中精力，让我怎么办！您以为我想这样吗？坐在书桌前也不能集中精神，总是走神，看书也觉得没意思，您让我怎么办！"

⑩ 打断

如果妈妈对民赫说："住嘴，别找借口了……"或者"那去看场电影吧。"那民赫会有什么样的反应？

"我不是不想看书，只是做不好而已。突然看什么电影呀，您这是打一巴掌再给个甜枣吗？"

突发奇想的问题

想想以下句子是否是同理倾听对方的对话。

"妈妈！我个子矮，所以很苦恼。"

"你在瞎说什么呀？你这根本就不算矮。别担心了。"

可以试着这样思考

这应该不算是同理倾听吧？这只是想转换孩子心情而说的话。这种对话无法让孩子的内心真正得到缓解。

我们明白大人们误以为在同理我们，实际上却说出上述10种妨碍同理倾听的语言。现在我明白妈妈说抱着我的时候，听到我的心跳声是什么意思了。妈妈真心倾听我的感受和需要的时候，我的内心会变得舒适和温暖。

通过案例学习观察

通过案例学习同理倾听1
我的女儿是短信狂

以下是参加非暴力沟通工作坊的秀爱妈妈和女儿的对话。

妈妈："都晚上12点了，能不能不发短信了呀？"

秀爱："不用管我。"

妈妈："我是你妈，我不管你，谁管你呀？"

秀爱："我的朋友们看完书就这个时间了。"

妈妈："那你怎么不看书呀？"

秀爱："我是我，他们是他们，唉，真烦人！"

这种对话每天都在重复，但大家都无法理解女儿为什么如此不耐烦。想象一下，如果我是女儿，当听到妈妈说这种话时会是什么感受？当无法做到同理时，我们之间的连结就会断裂，进而导致内心受到伤害。

秀爱的妈妈在反复练习同理倾听后，晚上对着依然跟朋友发短信的女儿这样沟通。

妈妈："都晚上12点了，能不能不发短信呀？"

　　→ "12点多了还发短信，看来有很多事情跟朋友说啊。"

秀爱："不用管我。"

妈妈："我是你妈，我不管你，谁管你啊？"

　　→ "你是想自由地跟朋友发短信对吧？"

秀爱："我的朋友们看完书就这个时间了。"

妈妈："那你怎么不看书啊？"

　　→ "原来现在是你们两个人都空闲的时候啊!"

　　秀爱:"嗯,对。"

　　妈妈:"也是,你们也太忙了,想想也能理解。每次看你 12 点以后发短信,妈妈心里都很不舒服,因为这个时候大部分人都睡觉了嘛。"

　　秀爱:"我只是跟美珍发短信,妈妈不用太担心了,我不会影响其他事情的。"

　　妈妈:"知道了,你这么说,妈妈也放心了。"

　　妈妈担忧的心情得到了缓解,同时,秀爱在得到了妈妈的同理后也详细地把事情告诉了妈妈,让妈妈放心。

通过案例学习同理倾听2

妈妈您没有尽到应尽的义务

　　在非暴力沟通工作坊中,我让大家写一封信给自己身边的某一个人,内容就是自己最想说的话。以下就是叫美珍的女大学生写给妈妈的信。

妈妈：

您不知道我心里在想什么，也不知道我因为什么而痛苦。

从小我就受到妈妈的影响，逐渐形成了悲观、消极的性格。感觉到幸福的时候不会产生任何想法，但是每次感到有压力的时候我就开始讨厌妈妈，如果不改变这种状态，也许这会永远成为心中解不开的一个结。

妈妈您为什么不爱我呢？您这样放任我不管，难道一点负罪感都没有吗？

妈妈您没有尽到自己的义务。

写出这种心声的美珍的感受和需要会是什么呢？一起参加工作坊的一位阿姨扮演了美珍妈妈的角色。

当阿姨同理倾听美珍对妈妈的指责时，美珍哭着讲述了一直以来压在心底的话，虽然美珍在讲述自己故事的时候一直指责妈妈，但是其实她希望能够和妈妈以同理的方式进行连结。

美珍重新练习了自己要说的话，然后回到家和妈妈好好地沟通了一番，母女俩抱着大哭了一场后，心里舒服了很多。

以下是美珍和充当美珍妈妈的那位阿姨的对话。

美珍："妈妈，您不知道我心里在想什么，也不知道我因为什么而痛苦。从小我就受到您的影响，逐渐形成了悲观、消极的性格。"

妈妈（阿姨）："你觉得妈妈不能理解你的想法，心里很憋闷是吗？"

美珍："嗯，妈妈，我觉得内心非常愤怒，就快要爆炸了。"

妈妈（阿姨）："看来我们家美珍很痛苦呀。"

美珍："嗯，我真的很累。感到幸福的时候我不会产生任何想法，但是每次感到有压力的时候就开始讨厌妈妈。"

妈妈（阿姨）："讨厌妈妈吗？"

美珍："我觉得如果不改变现状的话，这种想法将是我永远的心结。妈妈您为什么不爱我呢？您这样放任我不管，难道一点负罪感都没有吗？您没有尽到自己应尽的义务。"

妈妈（阿姨）："其实你想得到妈妈的爱，想得到妈妈的支持，但是因为妈妈没有做到，所以才会这么痛苦是吗？现在还恨妈妈，还因为妈妈伤心是吗？对不起，妈妈对不起你。"

虽然说话的对象是一位阿姨，但看到对方同理倾听自己并说出对不起的时候，美珍感觉到了丝丝暖意。美珍体会到了当人与人之间以同理的方式相连结时，心中涌入的暖流就是怜悯和爱。于是美珍停止了指责妈妈，决定以"长颈鹿耳朵朝内"的方式把注意力放到自己的感受和需要上。

"妈妈！我上小学的时候最不喜欢下雨天，因为妈妈从来都没有给我送过雨伞。生日派对也总是趁着别人过生日时一起对付着过。没有妈妈的生日派对是那么空虚，我总是要看其他孩子妈妈的眼色。

"每次学校组织外出郊游的时候，我的紫菜包饭都是从小店里买回来的，您从来没有亲自给我做过。妈妈！我是多么希望得到您的爱和支持，但我总是因为无法得到满足而伤感，那些忧伤的记忆总是抹不去，而且让我越陷越深。现在，我依然需要妈妈的爱和支持。妈妈，您是怎么想的呢？"

非暴力沟通练习

孩子的感受和需要是什么？

假设青春期孩子说出如下这种话时，推测一下他们的真实感受和需要。

1. "现在肯定没有像我这样没有自由的高中生了!"

    感受:

    需要:

2. "妈妈不懂我的心。"

    感受:

    需要:

3. "爸爸小时候学习也像我这么忙吗?"

    感受:

    需要:

4. "我想去国外学习。"

    感受:

    需要:

5. "听说我们学校有确诊 H1N1 的学生。"

    感受:

    需要:

6. "大人简直不可理喻。明明让我们说说想法,紧接着却训斥我们、顶撞他们。"

感受：

需要：

7. "到底让我们去哪儿玩?"

感受：

需要：

8. "妈妈为什么总是偏向弟弟?"

感受：

需要：

9. "回家能干吗呀，也没有人欢迎我。"

感受：

需要：

10. "我能结婚吗?"

感受：

需要：

艺瑟对于练习题的看法

1. "现在肯定没有像我这样没有自由的高中生了!"

感受：郁闷、遗憾、烦躁

需要：自由、休息、玩耍、趣味、自律性

2."妈妈不懂我的心。"

感受：悲伤、苦闷、讨厌、孤独

需要：同理倾听、沟通、理解、接纳、支持

3."爸爸小时候学习也像我这么忙吗?"

感受：埋怨、委屈、羡慕、疲惫

需要：舒服、关怀、悠闲

4."我想去国外学习。"

感受：充满希望、充满期待

需要：成长、成就、学习、新鲜、挑战、刺激

5."听说我们学校有确诊 H1N1 的学生。"

感受：担心、不安

需要：安全、健康

6."大人简直不可理喻。明明让我们说说想法，紧接着却训斥我们、顶撞他们。"

感受：疑惑、难堪

需要：清晰、相互性、沟通、一致性

7. "到底让我们去哪儿玩?"

感受：委屈、憋闷、抑郁

需要：快乐、趣味、空间、关怀、尊重

8. "妈妈为什么总是偏向弟弟。"

感受：寒心、失望、生气

需要：公平、关怀、接纳、爱、信赖

9. "回家能干吗呀，也没有人欢迎我。"

感受：孤独、凄凉、忧郁

需要：亲密关系、沟通、连结、爱、尊重、归属感

10. "我能结婚吗?"

感受：恐惧、悲惨、抑郁、担心

需要：爱、理解、确信、自信

理解青春期

青春期行为特征

① 言行不一。

② 在感情和理智之间选择妥协，开始学习如何平衡。

③ 由于脑部结构的变化，导致需要和行为的变化。

④ 极度理想化。

⑤ 解释语言容易产生误解。

⑥ 价值判断能力降低。

⑦ 通过头脑风暴、反推、逆向思考等过程学习如何决策。

⑧ 试图确立自己的真实感和自律性。

⑨ 进入青春期后期后，越来越能够遵循富有逻辑的话语。

⑩ 不具备判断自身行为结果的能力。

⑪ 缺乏时间观念。

⑫ 认为自己是不可磨灭的存在。

⑬ 10 岁以上的青少年中 80% 每月会做出一次以上的危险行为。

⑭ 无法抵挡环境因素和压力。

⑮ 相比儿童期或成人期，需要更多的睡眠时间。

第三章

庆祝和哀悼

妈妈日记

骑马驰骋

这是民赫上初三时发生的事情。

儿子的青春期开始于初二，到初三夏天的时候达到最高峰。虽然不像初二时那样跟朋友们到处惹事，但因为学习压力，孩子变得非常敏感，经常和我吵架。一方面是周围的学生大多都要考重点高中，没有时间聚在一起玩，另一方面是民赫想考上Ｓ高中，每天在补习班学习到很晚，给他造成了很大压力。

终于有机会实施我的计划了。很久以前我就有一个想法，那就是孩子长大后至少要尝试骑马驰骋于草原上，让孩子们感受自由和解放的快乐。

暑假快开始的时候，我用攒下来的钱准备了旅游计划，我让爱人带着民赫去了蒙古。当时的旅游计划为期十天，可以在成吉思汗的故乡骑马，我想这种方式能够让民赫放松一下，也能让辛苦劳累的丈夫享受短暂的自由时间。民赫的态度如我所料，很不情愿，而且导游问民赫为什么选择骑马旅行的时候，民赫回答："没有为什么，是妈妈强迫我去的。"还引起了当时在场所有人的爆笑。我的一些朋友问我："其他孩子都在争分夺秒地学习，你给孩子放这么长的假，不担心影响成绩吗？"补习班的负责人也表示很不理解，但最终民赫和丈夫按照我的计划动身去了蒙古。

家里除了我们夫妻和民赫外剩下的三口人也打算去休假。和爸爸一起旅游的时候，日程安排非常紧凑，但我们三个人商量了一下，这次旅游的重点就是彻底休息。

我们休息的地点是郊区山下的宾馆。第一次这样不忙于做饭、不忙于其他事情，而是安心地坐下来休息。

三天后，我们三个人各自结束休假恢复了正常的生活，十天后，民赫和丈夫晒得黝黑地回到家。那天晚上，我正给民赫收拾床时，民赫说道："妈妈！真谢谢您让我去了趟蒙古。抛开一切烦恼，在草原上驰骋，感觉豁然开朗，而且觉得自己特别有激情。这趟旅行真正让我放松了，谢谢妈妈。"

从蒙古回来之后，民赫没能立即进入状态，接下来又休息了三天，虽然耽误了 13 天的学习，但他的焦虑得到了缓解，变得很少发火，也变得更加从容了。

两年辛辛苦苦攒下的存款，虽然都让大儿子和爱人花掉了，但他们因此而获得了幸福感，剩下的三个人也享受了属于自己的悠闲时光，现在想想我没有一丝后悔。十天的骑马时间对于民赫来说，是和爸爸建立连结的绝好机会，也是一段充满了自由、解放、与自然亲密接触、快乐的充电时间。

孩子日记

风中驰骋

真不想去。如果是发达国家我还可以考虑，蒙古那个地方据说连洗澡水也不充裕，要我待十天，简直是太恐怖了。

而且如此宝贵的暑假要浪费在那种地方……当然，我没给妈妈好脸色，而且不情愿的表情维持了两天。但是后来通过跟当地的人聊天、骑马，我越来越感觉到有趣。

我很喜欢跟我们组的那些人在一起，我们组有我和爸爸、从光州来的小学老师、在某企业上班的一位叔叔、一对年轻夫妇、一个上高二的哥哥、住在春川的物业管理员大叔、从釜山来的两位幼儿园老师，一共十人。

现在，我对骑马这项运动充满自信。

驰骋于广阔的草原，迎风飞驰，我感受到了自由。任何事都没有必要在意它。没有什么烦恼，也没有任何压力，只是爸爸偶尔唠叨几句。结束了十天的旅行后回到家，我很怀念草原，真的感谢妈妈给我创造这么美好回忆的机会。

非暴力沟通思维

高兴的时候要庆祝，悲伤的时候要哀悼

我们在生活中做出选择的时候，需要一直得到满足或一直得不到满足的情况几乎是不存在的。任何事情都同时存在

已经满足的需要和未被满足的需要。我们自己选择的言行，有时候也会使我们陷入困境。即便如此，在这种困境中也有得到满足的需要，我认为为了满足这种需要值得以付出痛苦为代价，因此我们会选择这种言行。

在非暴力沟通中，应该庆祝得到满足的需要，同时也应该哀悼未得到满足的需要。"哀悼"是指对丧失的事物的断念和接纳，也就是让其"流走"。

对于自己的选择，即便结果没有令人满意，但通过庆祝和哀悼，领悟它对自己的意义，这才是最重要的。

大家一起庆祝一起高兴，一起哀悼一起接纳吧！

突发奇想的问题

对于民赫的骑马旅行，妈妈应该庆祝和哀悼的分别是什么呢？

我们可以这样思考！

庆祝：得到满足的需要——民赫的休息、挑战、成就感、发现、趣味，以及和爸爸的连结、亲密感。

哀悼：未得到满足的需要——学习、经济损失。

通过案例学习观察

疲倦的长假

这周末恰逢长假。如果孩子年纪还小，那么我会毫不犹豫地抓住这次长假的机会出去旅游，但现在孩子都上中学了，即便放长假也很难出远门。加上这周末孩子们要考试，所以只能待在家里照顾他们。三天之内，孩子们吃掉的食物简直令人瞠目结舌。他们吃掉了一盒鸡蛋、10升牛奶、两排香蕉、一箱橘子、两只鸡、三斤猪肉、两块豆腐、1公斤豆芽、15个土豆，还有其他很多，我实在无法一一列出。

星期五上午去市场采购完，从下午开始，一直忙着给孩子做饭和他们喜欢吃的点心，直到星期天晚上。吃完就收拾，收拾完又听到孩子们喊饿了。

星期天晚上，我实在撑不住了，躺在床上想了想，今天你值得庆祝的是什么？需要哀悼的是什么？

整个周末没有自由，没有休息，没有属于自己的时间和空间，也没能照顾好自己。这就是需要哀悼的部分。

但是我用心做了食物，让孩子们吃到了健康的食品，所以我感到很安心，我充分表达了对孩子们的关怀和爱，增进了和孩子之间的亲密感，这就是值得庆祝的事情。

总结完庆祝和哀悼之后，我觉得下一个长假应该选择其他方法尽量减少哀悼的部分。有些事情可以让丈夫帮着做一些，也可以让孩子们分担一些，这样我可以腾出时间去休息。这种休息时间只用于照顾自己，那么剩下的事情我就可以以更加快乐的心情做下去，休息日疲倦的感受也就不会存在。

通过哀悼与未得到满足的需要相连结，就能获得满足未得到满足的需要的方法。

第四章

让豺狗的青春期变成长颈鹿的
青春期——同理的力量

豺狗的青春期第一部

"这里是医务室，请过来一趟。"

妈妈日记

　　今天是难得参加志愿活动的日子，义卖会开始时，我正在认真地卖东西，这时手机响了。

　　"您是民宇妈妈吗？这里是医务室。"

　　"什么？"

　　"您先别紧张，听我说完。民宇和朋友在玩耍的时候打起来了，那个孩子的鼻梁被民宇打到，流了很多鼻血。鼻梁好像也有点肿，您快过来一趟吧。如果需要把他带到医院的话，我们会尽快联系孩子的父母的。"

我的心怦怦地跳起来了。

开车去学校的途中，我的眼泪忍不住往下掉。"到底是怎么回事……"

我的一个朋友在学校当老师，我哭哭啼啼地打电话问他，这种时候家长应该怎么办，朋友安慰我说，如果伤势严重的话，医务室老师就直接把孩子送到医院了，也不至于给你打电话叫家长过来，所以让我放心。但是他也提醒我，有些家长对这种事情反应特别强烈，所以要注意稳住情绪好好谈。

快到医务室的时候，我见到了民宇。

民宇："对不起，妈妈。"（孩子的脸上写满了恐惧。）

妈妈："怎么回事啊？吓死妈妈了。民宇也吓到了吧。"

民宇："嗯。我和载敏趁中午休息的时候一起玩，但是，载敏用力把餐车推到我这边，正好撞到我几天前受伤的脚指头，脚指头出了血很痛，于是我打了他一拳，他流鼻血了。"

妈妈:"当时忍耐一下多好啊……把朋友打出血了,你是不是也很内疚啊?也感到害怕吧?"

民宇:"嗯,妈妈你快进去看看吧。"

我进去一看,载敏的鼻子上缠着绷带,医务室老师好像很有经验,把孩子沾血的校服换成运动服,然后让我帮着把校服洗一下。

带着载敏去医院检查的时候,我说:"怎么办呢?真对不起载敏。我们现在让医生好好处理一下。"载敏回答说:"没关系,就是闹着玩的,再说民宇也出血了。"

趁着等待载敏妈妈的空隙,我体会到了对方的感受和需要。她肯定受到了惊吓,而且非常紧张和害怕,也很伤心。作为妈妈肯定希望孩子能够得到充分的治疗,这样才能安心一些。这时候,载敏妈妈慌慌张张地进了医院。

载敏妈妈:"载敏!怎么回事啊?你没事吧?"

民宇妈妈:"您好!我是民宇的妈妈。吓坏了吧?"

载敏妈妈:"您好!"

民宇妈妈:"对不起。您肯定很伤心和担心,孩子们午休时间闹着玩，结果变成这样，听说载敏流了很多血。"

载敏妈妈："我家载敏经常流鼻血。不过，民宇没伤到吧?"

民宇妈妈："嗯，脚好像伤到了一点。不过没关系，孩子们闹着玩结果流了血，肯定是吓坏了。"

幸亏载敏妈妈是通情达理、能为别人考虑的人。我让载敏在耳鼻喉科接受了全面的检查，幸好孩子只是鼻梁部分稍微有些肿，没有其他异常。但我能想到载敏妈妈肯定很担心孩子的鼻梁会不会出问题。

民宇妈妈："载敏妈妈，耳鼻喉科医生说没什么大碍，但是我觉得您肯定还不是很放心吧。我觉得还是去放射科拍个片子，您看怎么样? 我想让载敏做彻底的检查，好让大家都放心。"

载敏妈妈："嗯，我也觉得这样更好。"

我理解了载敏妈妈的心，载敏妈妈的表情放松了很多。检查结果显示载敏的鼻梁骨也没有异常。把载敏送到学校去上课之后，我和载敏妈妈对抚养儿子的痛苦互相同理倾听，并进行了沟通。

载敏妈妈说，为了孩子的事情来学校已经第三次了。第一次是孩子在美术课上打碎了石膏像，第二次是打碎了玻璃。乖巧听话的载敏居然也惹出这种事情，看来青春期孩子真的是无法预测的存在。将他们归为"神和宇宙都无法阻挡的存在"，其实也一点不为过！

下课后，民宇和载敏一起过来找我们，两个人亲密得像没有发生任何事情一样。那天晚上，我认真地洗净载敏的校服，买了一个蛋糕送到载敏家。熨烫衣服的时候，我一直祈祷载敏能够平安健康。

今天最大的感受就是同理倾听的力量。就算是在不知所措的情况下，如果把重点放在对方的感受和需要上，能够做到同理倾听，那么对方会立刻变得平静和冷静，两个人之间就能形成连结感和理解。后来，两位妈妈和两个孩子都成了很要好的朋友。

孩子日记

午休的时候，我正在睡觉，有三个人打了我之后就跑掉了。我让他们走开，但他们还是不依不饶地折磨我，我气愤地追过去打了主谋载敏，告诉他不要打扰我。但是，载敏把餐车推到了我身上，我的脚趾被夹住了。脚趾的疼痛让我更加愤怒，于是我转身就打了载敏一拳。最后我们两个人打起来了，虽然后来都是我攻击他。那小子被我打得流了很多鼻血，他去了学校医务室，耽误了第五节课，那节课我也一直坐立不安，无法集中精神。我很担心他的鼻梁会不会塌下来。我也有点后悔，如果当时稍微忍耐一下，就不会这样了。

因为内心的不安，我趁着下课时间去医务室看载敏，途中我碰到了妈妈。原以为妈妈会狠狠地教训我，但是妈妈反而担心我，让我感觉更愧疚，同时也特别感谢妈妈。

幸亏快放学的时候看到载敏了。那小子瞄了我一眼，就笑着说："没事，你妈和我妈在学校门口等我们呢，咱们一块儿走。"

简直是老天爷显灵了，我悬着的心这才放下来。

回到家后，妈妈和以前一样，没有教训我，依然对我很亲切。妈妈嘱咐我以后在学校跟同学们打闹的时候千万不要用其他物品，也不要打同学的脸。她对惹祸的我这么亲切，我感觉很微妙。

非暴力沟通思维

由于忙着照顾三个孩子而无暇思考自己或孩子的感受的民宇妈妈正在渐渐发生着变化。面对突如其来的事情，民宇妈妈会感到非常惊慌和紧张，但同时也考虑到了民宇同样会感到紧张和害怕，所以并没有放弃和孩子的紧密连结。祝贺民宇妈妈同理到受伤孩子妈妈的感受和需要，并将内心的关怀付诸实践，同时同理到民宇的感受和需要，并向民宇提出妈妈所希望的具体行动请求。

豺狗的青春期第二部
"只是找到了有趣的事情而已。"

妈妈日记

今天放学回家后，民宇打电话的时间格外长。虽然有些奇怪，但我想这时候正是孩子们交朋友的最佳时期，所以也没当回事。过了一会儿，住在同一个小区民宇的朋友根哲的妈妈打来了电话。

根哲妈妈："民宇回家没跟你说什么吗？"

民宇妈妈："没有啊，怎么啦？又出什么事了吗？"

自从网吧事件发生之后，每当家长或老师提到民宇，我就感到害怕。

从根哲妈妈那儿听到的事情是这样的。居住在我们小区的七个孩子每天放学回家途中，在路过别人家门口的时候，有的踢门，有的按铃。这种事情一直持续了三个星期。一人按门铃，另一人踢门之后，剩下的孩子就朝各个方向跑，以此来扰乱那家主人的追赶，据说这七个孩子还轮流交换。

今天，那家主人实在无法忍受孩子们的骚扰，追到我们小区，抓住了根哲，追问今天踢门的到底是谁，然而不巧的是，今天踢门的主角就是民宇，后来那家主人记住了民宇和根哲的名字回去了。可能是主人说要向学校反映这件事，所以根哲慌张之余向妈妈吐露了实情。

真不知道我家儿子是胆识过人还是无知无畏呢，他肯定不想让我知道这件事情，打算自己处理这个烂摊子。回家之后，他一直在通电话，原来也是他们几个孩子一起推测明天可能在学校发生的事情，商量着到底怎么收场。

"唉，烦死了，我这是造的什么孽啊。"

就算我学了很长时间的非暴力沟通，但这件事情绝不能手软，不知道自己的恶作剧会给别人带来伤害，还自己偷着乐的小子，他的这种需要我绝不能满足他。

妈妈："刚才根哲妈妈都跟我说了。听说今天你是主角？那家主人说明天要把这件事情反映给学校，她要求学校严惩你们。妈妈现在很羞愧，也很惊慌。不知道接下来要怎么办。你是幼儿园学生吗，还是小学生？块头都赶上大人了，还按别人家的门铃，踢别人家的门，你都不觉得丢人吗？"

民宇："又不是我一个人做的，妈妈怎么总跟我过不去呀？"

妈妈："那除了你还有谁，你都给我交代出来吧，说出他们的名字。"

民宇："我果然倒霉。"

妈妈："上次写生大赛上也说自己倒霉，现在又来这一出。"

民宇："对啊，赶上今天我踢门被抓住了。我果然倒霉!"

妈妈："你对那位阿姨都没有歉意吗？你这孩子怎么这么没有良心呀？臭小子！你现在是犯了非法侵入住宅罪，还有破坏财产罪，加上上次犯的错误，学校肯定要加重处罚你了。你这个坏小子!"

我一一列出他的罪名，不停地向民宇实施豺狗式攻击。我的豺狗式攻击促使民宇也做出了豺狗式反击。

民宇："妈妈怎么只抓着我一个人不放啊。我们七个人都参与了，又不是我一个人犯下的错。这不公平。"

妈妈："你说什么？公平？你还知道公平！你这小子，妈妈早晚要被你害得得心脏病。"

我无法控制自己的情绪，给丈夫打了电话。

妈妈："老公，我真的受不了民宇了，不，我不管民宇了。今天开始你来管吧。"

爸爸："老婆，出什么事了？谁又惹我老婆生气了？民宇在旁边吗？让他接一下电话。"

民宇激动地跟爸爸解释了一大堆，然后突然神色沮丧地挂断了电话。

妈妈:"爸爸说什么?"

民宇:"爸爸说今天要狠狠地教训我一顿。"

良久之后,我才镇定下来。恶作剧持续了三周,已经让我感到崩溃,但是孩子竟然都不知道自己有没有错、错在哪里,这让我更生气。我一直希望自己的孩子能成为有教养的人,但显然他做的事让我觉得事与愿违。

等到稍微消气之后,我抚摸着放在家里的长颈鹿玩具,仔细想了想我在这种情况下该如何变成长颈鹿妈妈。已经激烈进行过的豺狗式攻击无法挽回,但是我觉得应该赶快收拾残局了。

我带着民宇买了一箱饮料,一起找到那户人家。主人得知我是今日恶作剧主人公的妈妈后,顿时火冒三丈并开始抱怨。

主人:"天啊!我气得都说不出话来了。每天一到下午三点半就有一帮孩子踢门,我家又没有上中学的孩子……到后来,我都怀疑这些孩子是不是跟我们家有什么仇啊?"

妈妈:"如果是我,肯定也会这么想了。您很不安,很闹心吧。真的非常抱歉。"

主人："我上次已经警告过他们了，但是今天来按铃踢门，我实在忍不住了，就追了过去。你的孩子个头还挺高，怪不得今天我家的门响得很厉害，感觉都快散架了。原来是你踢的门呀？你到底想怎么样啊？你们这是为什么呀？啊？"

民宇："对不起，我们只是觉得好玩。"

主人："什么？好玩？简直不可理喻。"

妈妈："这的确是太荒唐了。我和你一样没法理解他们，所以感到很惊慌和惭愧。不到万不得已，您也不可能一直追过来。我知道您只是想让这些孩子以后不要再做这种恶作剧。您想安静地生活，我再次向您道歉。"

（我尽全力把焦点放到主人的感受上，同时表达我的感受。）

主人："我当然生气了，我能不生气吗？每天一到下午三点我的心就开始发慌。"

民宇："对不起，我们只是为了好玩而恶作剧，没想到给您造成这么大的伤害。"

主人："看你也不像坏孩子，但是刚才我已经给学校打电话了，要求学校严惩你们。"

妈妈："是吗？您肯定特别生气，要不然也不会这样了。我知道您是希望学校能够管住这些孩子，以后不要继续打扰到您的生活。"

（我能够理解主人的痛苦。主人虽然没能完全消气，但在我再次说出了她的感受后，她的情绪似乎稳定了不少。）

主人："看到你们来我家道歉，我倒觉得不好意思了。明天一早我会再打电话过去，告诉学校不用追究这件事情了。"

妈妈："您这么用心为孩子考虑，我不知道该怎么感谢您。那些孩子都是我很熟悉的孩子，我会跟那些孩子的父母联系，保证再也不会出现这种事情了。"

主人："你要好好学习，其实我也能够理解你们这么小年纪难免会恶作剧。"

主人阿姨心情似乎有所好转，以温和的态度拍打着孩子的肩膀并嘱托孩子要好好学习。但是学校已经知道这件事情了，不可能不追究。即便如此，这件事情也会是促使孩子们成长的一个好机会。

他们能够体会主人阿姨的痛苦，而且也将学习如何解决问题。以后当孩子们路过主人阿姨家门口时，正好碰面，他们能不能做到不逃避而有礼貌地打招呼呢？这些要求对于孩子们来说是否太过分？

回来的路上我一语未发，回到家后我握住孩子的手问他。民宇似乎很紧张，表情僵硬地看着我。这次轮到我同理倾听民宇了。

妈妈："每天很无聊吗？想找一些有趣的事情做？"

民宇："嗯，您想想看，我们实在太无聊了。每天就是学校、家、辅导班三点一线，而且反反复复都是相同的日程安排。所以我们想出了这种有趣的方式，但是今后不会再这样了。"

妈妈："嗯，听你这么说妈妈也挺难过的。妈妈一直都不知道你会这么郁闷、无聊、难受。"

民宇："对不起妈妈，都是因为我，您还要道歉，还要花钱。"

妈妈："没关系，不过妈妈觉得，你们认为生活中的乐趣很重要，但是其他人的舒适和平静也一样重要。主人阿姨也说了，每天到了下午三点心里就开始发慌，缺乏安全感，妈妈希望我的儿子能够成为体贴别人、多为别人着想的人。"

民宇："嗯，我会成为那样的人。"

当我成为长颈鹿妈妈，同理倾听民宇，孩子也变成了长颈鹿宝宝回到了我的身边。通过今天这件事情，我想民宇今后会更考虑别人的立场和感受了吧。可爱的民宇，真希望他健康地成长，长大后成为心胸宽广、能为别人着想的人！

通过和孩子沟通，我意识到现在的学生生活太过单调，他们被困在一个框架里，学习负担过重。相比父母一辈，他们的学生生活充斥着无聊、压力和紧张。

对他们来说，没有父母监督的、最自由的时间应该就是来回学校或在辅导班的那段时间，他们无比渴望寻找乐趣，但却没有玩耍的时间，所以在那段时间经常惹是生非。

第二天，民宇又带来一张检讨书，孩子笑嘻嘻地说这次只加上简单的评论就行。唉，真拿他没办法……从那天开始，这七个孩子要在接下来的一个星期内捡运动场的垃圾。

据说，拿到第二张检讨书后，班主任老师说道："你妈妈究竟有什么罪过呀!"

罪过嘛,就是我的儿子正在经历着青春期。但是我知道面对暴躁的豺狗般的青春期儿子,妈妈需要以长颈鹿般宽大、深厚的爱去忍耐。

真希望孩子和我都能够顺利地经历这段青春期,茁壮成长。

孩子日记

放学回家后,我听同学们说最近他们经常恶作剧,就是按别人家的门铃,再踢别人家的大门之后逃跑。

我说我也要参加,我们小心翼翼地走近别墅。我站在大门外,其他同学做好逃跑的姿势。大约过了5秒之后我按完门铃,并用力地踢了两下大门,然后迅速地逃跑。很快主人出来了,大喊"是哪个家伙?"然后一直追到我们住的小区门口。

我用眼神示意其他同学"千万别跑到家!"然后如闪电般跑走了。但是主人阿姨的跑步速度也很快,好不容易躲开主人后我们才各自解散。我们其中两个人不知道跑到哪儿去了，但当时没有注意。回到家我很快就接到了电话，其中有一个同学被主人抓到了。我强忍住冒出来的脏话问道："怎么被抓的?"结果他说他直接跑回自己的家了，这个傻子!

朋友一直劝我去向主人道歉，但我觉得这只是小小的恶作剧罢了。后来才发现他们这些人这一个月来一直在玩这种恶作剧，而我是第一次。主人阿姨不发疯才怪呢。最后，我还是没能抵挡住妈妈的压力，和她一起找到主人去道歉。

第二天，学校并没有从轻处罚我。真想教训一下那个被阿姨抓到的傻子，但是他可是我最要好的朋友，真没办法!

非暴力沟通思维

民宇接连惹祸，让妈妈受到惊吓，妈妈内心非常不安。也许妈妈情绪激动也是情理之中的事情。妈妈肯定不希望自己的孩子成为给别人添麻烦的人。但是民宇妈妈接到根哲妈妈的电话之后，情绪激动的情况下采取豺狗方式的攻击是件很遗憾的事情。

"你是幼儿园学生啊，还是小学生啊？块头都赶上大人了，还做这种恶作剧？你都不觉得丢人吗？你对那位阿姨都没有歉疚感吗？你这孩子怎么这么没有良心呀？臭小子！你现在是犯了非法侵入住宅罪还有破坏财产罪，加上上次犯的错误，肯定要被加重处罚了。"

大家肯定也知道了，这些话都是指责、评价、侮辱、诊断、贴标签等，所有这些都是妨碍沟通和连结的要素。

听到这些话的时候，你很难进行沟通，所以民宇做出激烈回应且奋力辩解也就变得理所应当了！这时，妈妈如果改变一下表达方式，如："妈妈刚才听根哲妈妈说了你们的事情，妈妈现在觉得特别荒唐和生气。对我来说，能够关心到别人很重要，能不能详细地告诉妈妈是怎么回事？"这样的话或许不会导致两人之间的连结断开。但是值得庆贺的是，后来妈妈努力做到了以长颈鹿方式同理倾听民宇。

找到主人阿姨后，民宇妈妈对主人的感受和需要给予理解，回到家后以长颈鹿方式同理倾听了民宇。民宇烦闷的感受和想寻找趣味的需要得到了理解后，他的心里也会变得舒服。但是有一点遗憾的是，提出的请求不够具体。成为"会关心别人的孩子"是不是太抽象了？抽象的请求很难变成行动。相比"会关心别人的孩子"，"从现在开始尊重别人的空间和时间"或者"采取行动之前想想这种行为可能带来的后果"这种具体的请求方式会更好。

豺狗的青春期第三部

穷寇莫追

妈妈日记

马上到暑假了，我正想着这次暑假一定要让孩子们参加英语特训，得知孩子们平时去的辅导班组织的特训报名快要结束了，我至今没有像别人一样送孩子去接受过特训或英语训练营。

当时没有时间和孩子们商量了，因为报名人数可能有限制，大家是按报名的顺序参加。我先把学费交了，然后跟放学回家的孩子们商量。民宇没有异议，但艺瑟不太情愿地说："既然都交钱了，只能去了。"

特训开始的前一天，辅导班发来短信要求把购买教材的前几页试题做完带来。

妈妈："刚收到辅导班发来的短信，说是要提前做完教材前几页的试题。第一天上午就要求交作业了。"

艺瑟："都没开始上课，就留作业了？这是什么辅导班？"

妈妈："听说那家补习班的特训都这样。试题没多少，你快做吧。别人肯定也都会做的。"

不知不觉我变得特别焦急，顾不上孩子的心情，一味地催促。

艺瑟："不想做。我不想参加特训了。妈妈事先也没跟我商量呀！妈妈一着急，连基本的尊重都做不到。那种辅导班，不去也罢。"

妈妈："你不是说过要去吗？让你做作业你就说不想去，

这也太不像话了。"

艺瑟:"那时候是因为妈妈说已经交完钱了,我觉得心疼,所以才勉强说去的。"

妈妈:"你不要再说,快回屋写作业。"

艺瑟:"我说过我不写。"

坐在旁边的爸爸也参与到我们的对话中。

爸爸:"不想去补习班?爸爸觉得这次应该听从妈妈的意见,你不是从来没参加过特训吗?弟弟这次也参加了特训,你也试一下。"

艺瑟:"不去。因为妈妈根本不尊重我的想法。"

爸爸:"是因为妈妈的话听着像命令,所以心情不好是吧?"

艺瑟:"嗯,我不写作业。即使去辅导班也不写作业。"

爸爸:"爸爸理解你。炎热的暑假肯定想好好玩,想到暑假了还要每天上英语补习班,肯定很郁闷、很痛苦……加上特训还没开始就留作业,肯定很难受。因为报名的时候时间不充裕,所以妈妈没能及时和你商量,爸爸明白,你答应妈妈去参加特训也已经很不容易了。"

艺瑟默默地掉下眼泪。

爸爸:"爸爸觉得这次特训对你肯定很有帮助,你不是想考外国语高中吗?爸爸希望我的女儿能快乐地学习。任何事情起步是非常关键的,所以还是做作业吧。你觉得爸爸说得对吗?"

艺瑟:"行吧。我会做作业,但是我什么时候想做就什么时候做,我现在什么都不想做。"

爸爸:"没问题!现在不想做也没关系,等你想做的时候做吧。心情稍微好点了再做吧。看来今天爸爸站在艺瑟的角度考虑问题啊。"

那天晚上,爸爸在艺瑟房间一直和孩子聊天,认真倾听孩子诉说的不满,直到孩子的情绪有所好转,自己主动提出要写作业,爸爸这才嘱咐艺瑟写完作业之后赶紧睡觉,然后出了孩子的房间。这一过程花了整整两个小时,看来不可小觑我女儿的固执和孩子爸爸的耐性。总之,我把一切交给爸爸,自己先回屋睡觉了。

第二天早晨起来,我发现卧室门外贴着一张纸条,上面写着"穷寇莫追"。这是我第一次看到四字成语。我急忙去叫醒丈夫问这到底是什么意思，他也不知道。只好查了词典。

它的大致含义是"不追无路可走的敌人，以免敌人情急反扑，造成自己的损失"。

我们夫妻俩面面相觑，不知道说什么好。孩子肯定是觉得父母把自己逼到绝路了，在提示我们不要穷追不舍。我感到阵阵心疼。

进了艺瑟的房间后，我给孩子捏脚揉肩，把艺瑟弄醒了。

妈妈："没有征求你的意见就报名特训，还让你做作业，让你感觉妈妈好像在逼迫你，是吗？其实你很想得到尊重、自主学习，但是妈妈无意中把这些都破坏了。但是你想想，妈妈养你们三个，有时候也会感觉被你们逼上绝路呢。妈妈有时候也很茫然，也很害怕。尤其是对你们的教育问题。"

艺瑟说的话和我想传达的信息无关，她眨着眼睛看着我，问道："妈妈你知道'穷寇莫追'是什么意思了吗？"

妈妈："唉……妈妈不知道，所以查了一下，多亏你，妈妈还知道了这个深奥的成语。我女儿现在是我的老师！"

父母在抚养孩子的过程中能学到很多。今天我也要尊重我的老师。

孩子日记

妈妈简直是太贪心了。我敢说我现在真的是非常认真地在学习，但是妈妈却要把我看作是学习机器。

我是家里的老二，有些时候真的很冤，尤其是在学习方面。妈妈经常用民赫哥哥做实验，然后将所谓的妙方直接套到我和民宇身上。在哥哥身上失败的事情一般不会用到我们身上，可是有些事情我们无法避免受到牵连，在哥哥身上存在遗憾或没能达到预期目的的事情会强加给我们。这次特训也是。据我所知，哥哥上初中的时候暑假从来没有接受过特训。反而整个暑假妈妈经常带我们三个去昆虫博物馆、美术馆和音乐会。妈妈将哥哥上了高中后学习有些跟不上的原因，归结到没有接受特训，所以这次她就自作主张给我和民宇报了特训班。

我讨厌那家辅导班。那家辅导班习惯所有的事情用短信传达。"艺瑟同学迟到5分钟""艺瑟同学今天没有做完作业。""艺瑟同学在今天的20道考题中答对了15道题。""重新复习并考试通过后才可以回家"等等。我上英语课的那天，妈妈肯定能收到4～5条类似的短信。每次去辅导班，都让我有种被监视的感觉，我厌恶这种感觉。我有个朋友，那天上课途中跑去外面玩了，结果她妈妈收到短信："晓静上课中途离场，如回到家请立即送回学校。"当然，晓静没能逃过一顿毒打。

我觉得学习也是一种选择。初衷和目的再怎么完美，如果自己的选择无法得到尊重，那么就很难被接受。"穷寇莫追"是我在一本中文漫画书上看过的，我很喜欢这个成语，所以突然想起来，这次用在妈妈身上简直太完美了。妈妈的中文水平竟然不如我，这让我有些意外。而且妈妈说自己有时候也有"穷寇莫追"的感觉，这让我更意外。哈哈！

非暴力沟通思维

妈妈和艺瑟两人因为特训的事情争吵的时候，爸爸适时地参与进来，缓和了谈话的氛围。这件事情值得庆祝的一点是，在通过非暴力沟通的方式解决问题的过程中，寻找并实践了同时满足孩子和父母需要的方法。睡眠时间少了2个小时是需要哀悼的部分，但同意孩子可以自行选择做作业的时间，陪伴着孩子直到孩子主动提出要做作业，这一点非常值得肯定。

"是因为妈妈的话听着像命令一样，所以心情不好是吗？你是想自己决定是吧？"爸爸把焦点放在艺瑟的感受和需要上，艺瑟就可以听进去爸爸说的话了。

"炎热的暑假肯定想好好玩，想想暑假了还要每天上英语补习班，肯定很郁闷、很痛苦……加上特训没开始就留作业，肯定很难受。"当这样读懂孩子的感受时，艺瑟哭了。

当然，爸爸也没有忘记表达自己的需要。"爸爸希望我的女儿能快乐地学习。任何事情起步是非常关键的，所以爸爸还是希望你今天能做作业。"

在与青春期的孩子进行对话时，作为父母，把嘱咐的教育性话语尽量留到孩子情绪稳定下来后再说出来。

爸爸能够成功地和艺瑟完成对话有两个原因。一是爸爸充分地理解了孩子的感受和需要，二是形成共识后爸爸充分表达了自己的需要和希望。这是值得庆祝的事情。

豺狗的青春期第四部

我是英雄民宇

妈妈日记

晚上，民宇突然拿着酸奶过来跟我说话。

民宇："妈妈，累不累？要不要喝酸奶？"

妈妈："不喝了，会胖的。"

民宇："这个时候吃甜食最好了，我给妈妈插上吸管吧。"

妈妈："哎呀，你今天怎么突然对妈妈这么孝顺呀，这是哪儿来的？"

民宇："食堂阿姨给的。"

妈妈："为什么？"

民宇:"因为我对阿姨很有礼貌呀!"

虽然觉得有些不对劲,但是想想"我家儿子确实很爱笑,见到大人也很有礼貌⋯⋯"所以我也没有在意。

第二天,民宇放学回家的时间足足晚了三个小时,而且回到家后就开始发脾气。

民宇:"班头简直疯了。居然把纸卷起来打脸⋯⋯怀孕之后就变得更刻薄了,唉⋯⋯"

妈妈:"怎么回事啊?"

就在这时,班主任老师打来电话,电话内容如下:(我真是无语了,唉⋯⋯)

几天前,孩子们得知午饭提供酸奶,然后 14 班的几个同学就一起商量怎么把大量酸奶带回来喝。主谋就是我家民宇,民宇上第四节课的时候说是去洗手间,然后跟另一个同学在走廊拿走了五个班级的酸奶。没有喝到酸奶的学生向学校表示抗议,于是食堂阿姨就以盗窃事件向学校反映。

两个共犯不知道大家正在张罗着抓住盗窃人,召集了一起共谋这件事情的孩子分享赃物,看到其他同学过来也一起分享了酸奶,没有喝完的酸奶就各自带回了家。我喝的酸奶，就是他们的赃物。我都恨死自己了……

查找嫌疑人太轻松了，因为 14 班的学生都喝了。

班主任老师带走了牵扯这件事情的 11 名学生，两个主谋被带到学生部付了酸奶费并被要求写检讨书。

作为其中一位共犯的妈妈，我当然也要在检讨书上留言，这已经是第三次了。

"虽然孩子正处于青春期，但惹下的事情让我非常痛心和羞愧，我感到非常抱歉。我会严加管教孩子，保证不再发生类似的事情。"

孩子递给我的第三份检讨书上面写道："上课时间跑出去偷偷地拿走送餐车上的酸奶，当时的那种刺激感还有分给同学时候的那种英雄心理……现在回想一下，感觉自己当时肯定是疯了，居然还有那种想法。我真的感到非常幼稚和羞愧。以后不会再有这种想法，也不会再有这样的行为了。"

我感觉真的撑不下去了，做妈妈太难了，同理倾听、做长颈鹿妈妈就更别提了。听完老师的话，看着民宇递过来的检讨书，我按捺不住激动的情绪打了孩子一下。

"你自己想想也很幼稚、很羞愧是吗？当什么英雄不行？非要当盗窃英雄？臭小子，非让妈妈接到班主任的这种电话吗？谁教你这么做的呀？嗯？"

情绪稍微稳定之后我开始后悔打骂了孩子，没能成为长颈鹿妈妈与孩子进行对话，我觉得很惋惜和难过。

第二天去采购的时候，我特意买了酸奶。没有买单独包装的，而是买了40袋绑在一起卖30元的酸奶……然后放在了我家那位有胆识、喜欢刺激的民宇英雄的桌上！

把酸奶放到桌子上的时候，我看到了民宇的日记本，由于好奇心我偷看了民宇的日记。天啊！我为什么没能忍住自己的好奇心呢！

民宇的日记内容简直让我这个妈妈"吐血"。明明当时说是在上课途中跟老师说是要去洗手间的，但其实都是赤裸裸的谎话，其实他是技术实习课上偷偷跑出来的。他太让我失望了！

本来想着等民宇放学回来后就跟民宇道歉，然后再试着用非暴力沟通的方式进行对话。但是看完日记后，我更生气了。从来没有想过民宇会做出这种事情。民赫不一样，他好奇心比较重，而且动作还快，民赫惹出这种事情我并不感到非常吃惊。可是一直认为民宇是温顺、善良的小儿子……任何词汇都不足以表达我失落的心情。但是有一点很明确，我就是"英雄民宇的妈妈"！

孩子日记

第四节课是技术实习课。课上我和一个朋友趁着老师不注意偷偷跑了出来。我们从放在走廊里的送餐车上拿出酸奶装在塑料袋里面。一个班一个班地拿走，而且是整袋整袋的。

拿了五个班的酸奶后，我从其他班级的同学那里又借了一个塑料袋把这些酸奶装了起来，然后重新回到技术实习课上。技术课结束后回到教室，我们开始拿出酸奶喝，而且特意嘱咐他们千万别说是我们给的，但果然没有不透风的墙！

过了大概五分钟，很多同学都聚到我们这里。他们跟我们要酸奶喝，一开始我们坚持不给他们，我们孤军奋战般地反抗，但是后来还是抵挡不住他们的"强攻"，开始分发酸奶。我们班垃圾桶瞬间堆满了酸奶袋，起初我有点害怕后面即将发生的事情，但面对当时高涨的气氛，也把害怕抛到了脑后。

很快，食堂大叔跑过来问我们酸奶的事情。我们当然说不知道，但是垃圾桶里面的酸奶袋该怎么解释呢？我们班的酸奶庆典瞬间被镇压，作为此次事情的主谋，我和一个朋友被带到学生部。经过若干次拷问之后，我们还得面临经济上和精神上的压迫。因为要提交检讨书，所以我们没能上第五节课，快要放学回家的时候还被班主任老师叫住，训斥了好久，直到5点多才得以脱身。

回到家后，妈妈用冰冷的眼神看向我，我又得接受一次生理制裁。我勉强忍住妈妈一次又一次的"攻击"，交出检讨书。因为需要妈妈的签字。

总之，第二天我还是可以继续上学的。

非暴力沟通思维

这次，民宇妈妈似乎真的很痛苦，没能做长颈鹿妈妈。有些伤心、遗憾，但是没关系。欲速则不达，在还不能很自然地成为长颈鹿的情况下，强忍住豺狗心理硬着头皮去做长颈鹿的话，双方之间的连结依然会断开。即便成为长颈鹿妈妈，但是孩子依然感受不到连结，那么就没有任何意义了。

希望民宇妈妈能够通过自我同理自行解决豺狗的问题。

（请参考第三部分第四章"用爱连结我自己"进行练习。）

让我们记住一点，非暴力沟通的目的之一就是"连结"。

豺狗的青春期第五部

您就说一句"对不起！"

妈妈日记

爸爸："民赫，玩电脑的时间是不是太久了？"

民赫："我知道自己该怎么做。"

爸爸："既然知道还抱着电脑不放吗？都三个小时了。"

民赫："您不用管我，我玩电脑都是有理由的。"

爸爸："离考试还不到一周，你现在比弟弟妹妹们玩电脑的时间还长，爸爸能不管你吗？"

民赫："我这是在评估测试的需要。"

爸爸："刚才玩游戏也是在评估测试需要吗？"

民赫："爸爸真是的！刚才查评估测试资料查得有些烦，所以才玩了一小会儿而已。我又不是一直玩游戏，是吧？再说爸爸也没有一直盯着我。"

爸爸："你怎么顶嘴呢？你在学校跟老师也这样顶嘴吗？"

民赫："老师不会像您这样说话。"

爸爸："是，这句话你说对了。谁会像我一样关心你啊？将来等你有了孩子就知道了，大人都是因为关心你，才会经常唠叨。"

民赫："关心我们也不是都像您这样啊，还有，关心只在我需要的时候给就可以了。"

爸爸："你这小子！我是你家邻居大叔吗？要不你就干脆叫我大叔吧，那我以后在你需要关心的时候给你关心。臭小子！"

民赫："好的，大叔！"

爸爸："你这小子，你给我过来！"

丈夫气得对儿子拳打脚踢，后来又挥起了拖布。民赫虽然没有被打中，但是我和民赫都吓出了一身冷汗。我好半天才缓过来，稳住丈夫的情绪让他回屋，然后开始跟民赫聊天。

妈妈："吓坏了吧？刚才吓死妈妈了。妈妈和爸爸生活了 20 年，看他这样发火还是第一次。"

民赫开始哭泣。

妈妈："爸爸让你不要再玩电脑，让你不高兴了是吗？"

民赫："爸爸都不知道我用电脑做什么，就知道拿时间说事儿。我现在都高二了，怎么可能不考虑学习呢？"

妈妈："你其实有自己的想法，但爸爸不理解你，所以觉得很委屈是吧？你希望爸爸能相信你。"

民赫："嗯，我刚才在认真地查找资料，然后中途只是玩了 10 分钟左右，但是正好被爸爸看见了。"

妈妈："其实就想休息一小会儿，你现在很伤心是吧？"

民赫："爸爸打我已经是第二次了，妈妈，你记不记得，初二的时候我因为顶撞爸爸，被他打得鼻梁骨都断了。"

妈妈："当然记得，当时妈妈不知道有多心疼……"

民赫："但是当时爸爸都没跟我说一句'对不起'。从那以后我就讨厌爸爸。"

这时候，丈夫从屋里出来。

爸爸："小子，因为爸爸觉得对不起你，才带你去医院，不是吗！我怎么可能没有愧疚感？爸爸当时只是想教训你一下，没想到会把你的鼻梁打断，这种话非要说出来才懂吗？"

235

民赫:"当然,说出来才明白。我不知道爸爸是不是真的对我有愧疚感。当时如果你跟我说一句对不起,我跟爸爸的感情不会这么坏的。"

爸爸:"……"

爸爸:"是,对不起,那次真的是失误。爸爸没想要打断你的鼻梁。还有,爸爸真的很想跟你深入沟通,想跟你建立起亲密的关系,但有时候找不到好方法,心里难免有点发慌。我也不知道你因为没有听到'对不起'而生气了好几年。其实我当时也觉得对不起,今天更觉得对不起。"

民赫:"……"

民赫的眼睛里充满了泪水。

孩子日记

今天终于听到爸爸的那句"对不起"了,这是第一次。

今天爸爸挥舞拖布的时候,我真的想故意把身体扑向他,任他打个够。这次要是再让我受伤,然后不说对不起,我就决定再也不跟爸爸说话了。

爸爸对艺瑟特别和蔼，而且很喜欢陪着民宇玩，但总是跟我作对。不知道为什么，在这个家里，最常被爸爸训斥的人只有我。艺瑟犯错误之后就跟爸爸撒娇，爸爸会很轻易地原谅她，而民宇做任何事情几乎都不会受到惩罚。所以我一直觉得自己很冤枉。

今天爸爸的一句"对不起"听着还算真诚。当爸爸说"当时也觉得对不起，今天更觉得对不起"的时候，我看到了爸爸眼中闪烁的泪水。

我长这么大就被爸爸打过两次，希望以后不会再出现这种事情。

非暴力沟通思维

关于使用电脑的问题，爸爸和民赫的对话中有太多妨碍沟通的表达，让人不禁紧张起来。但妈妈在中间起到了很好的协调作用。

妈妈听了民赫的委屈，给了民赫说出对过去事情的感受和需要的机会。爸爸也做出了较高难度的表达。爸爸诚实地说出自己不知道如何沟通这句话时，触动了民赫关闭的心门，有助于民赫打开心扉。这件事情中值得庆祝的一点是，爸爸洞察到了自己的感受和需要，而且把焦点放在民赫的感受和需要上进行沟通。

表达了想和儿子变得亲密的需要和想和儿子好好沟通的需要，而且说出了儿子想听到的"对不起"，这些都是值得庆祝的亮点。

理解青春期

父母要为青春期子女做的事情：

① 不要说教、唠叨和干涉。

② 不要跟孩子较劲。

③ 禁止争论。

④ 不要利用内疚感。

⑤ 不要人身攻击。

⑥ 给予无条件的爱。

⑦ 给予高的期待，制定规则，耐心等待。

⑧ 成为沟通的榜样。

⑨ 尊重对方的意见。

⑩ 积极倾听。

⑪ 即便意见或想法不同，也要接受。

⑫ 不要无视或小看子女的感情。

⑬ 迎合子女的感情状态。

⑭ 忍住忠告。

⑮ 尽量不要用常规化去束缚。

⑯ 给孩子父母是值得信任的信念。

⑰ 逐渐增加自由。

⑱ 在信赖和指导之间保持平衡。

⑲ 与子女商量并问子女的意见。

⑳ 增加一家人在一起的时间。

第五章

以怜悯与自己连结

妈妈日记

我是豺狗妈妈

刚去了趟婆婆住的医院，正往家赶的路上，民宇朋友的妈妈打来了电话。

她提议，明天考试结束后将四个孩子送去电影院看电影。看完电影后给他们买汉堡吃，玩会儿街机。我考虑了一小会儿，还是拒绝了。最近一个月内，民宇和朋友们惹了不少祸，而且这次考试准备得也非常不充分，他最近的态度也让我不太满意……

但我拒绝的最主要的原因是：担心孩子们在没有父母陪

着的情况下又去江南惹祸。另外也担心孩子因为浮躁心理而耽误明天的考试。

民宇这段时间已经写了两份检讨书了。

第一次是写生大赛画了一幅画之后擅自离开跑去网吧玩，被老师发现后与同班的 11 个男同学一起受罚。第二次是放学回家途中乱按别人家的门铃，逃跑的时候被主人抓到，学校得知这一情况后让这些同谋的学生进行了为期一周的志愿活动。

连续的恶作剧已经让民宇失去了班主任老师的信任。第二学期成为会长候选人的民宇被老师勒令不能参选，当时民宇问老师："我为什么不能参选？"老师说："老师有老师自己的标准，这是班主任的权利。"

看来班主任也和我一样处于极度敏感状态。想想也能理解，家里一个青春期的孩子已经让我头昏脑涨，要管理班里四十多个奇怪的孩子何止是紧张和敏感啊。虽然有些难过，但是自己的儿子确实惹下了不少祸，我也没话可说，也能理解高度警惕我家儿子的老师的心情。等老师有一天有了自己的孩子时，也会理解当妈妈的心情吧。

回到家后，民宇就跑过来问我。

民宇："您接到永镇妈妈的电话了吗？"

妈妈："拒绝了。妈妈不同意你去，爸爸肯定也不会让你去的。"

民宇："为什么？"

妈妈："你想想这段时间自己的表现吧。"

孩子做出无语的表情。然后马上给爸爸打了电话。爸爸当即可能也表示反对了，孩子挂电话后嘴里嘟嘟囔囔地回到了自己的房间。

这段时间，我一直很用心地学习非暴力沟通。我应该表现得跟其他妈妈有所不同吧？我想和孩子保持亲密感，想和孩子连结并进行沟通。我决定稳定一下自己的情绪和孩子好好谈谈。况且明天是考试的最后一天，我想让孩子以平和的心情去迎接最后一天的考试。

深呼吸后我进了民宇的房间，一进屋我就看见了桌子上面撕碎了的一次性杯子，这种场面刺激到了我。

妈妈："你这是干什么？你在跟妈妈示威吗？"

民宇："您别用这种方式说话好不好，就说一句'别这样!'就好了。您别管我!"

妈妈:"我不管你,你能消停吗?桌子上面总有撕碎的东西,玩橡皮、叠纸青蛙……"

我真的忍受不了民宇的这种习惯。

屋内特别安静的时候我以为他在看书,但是进去一看他就像幼儿园小孩儿一样很开心地在折纸玩。个子都长得跟爸爸一样高了居然还在玩这些。当然,据说也可以将这种习惯培养为优点,但在妈妈的立场上来看真的感到很难堪。

我们夫妻俩每次看到孩子的这种样子时,会开玩笑地说:"他又在进行游戏心理治疗了!"但我们还是希望民宇能做一些更有价值的事情。

民宇开始更加强硬地抵抗。

民宇:"其他同学都能去网吧和电影院,我为什么不行?不让我跟同学玩,晚上不让出去,不让我玩游戏……我现在都初二了,怎么还把我当小学生来保护呀?现在哪还有像我这样被父母控制的孩子啊?"

妈妈:"你想想这段时间自己的表现吧。妈妈为什么不想让你出去?"

民宇："玩电脑也没有像妈妈这样管得严的。"

瞬间，我实在忍不住了，打了一下民宇的脖子。

妈妈："你要让妈妈忍到什么时候啊？到底怎么样你才能清醒？"

民宇一边哭一边拼命挣扎着。

民宇："15 岁了，个子都 1 米 7 了，还要挨妈妈的打。比我爱惹祸的，比我学习不好的人多了去了。他们的父母都没怎么样，但是妈妈为什么不原谅我，我那也只是恶作剧罢了，又不是真正惹祸……妈妈眼里看不到那些不爱学习专门惹祸的孩子吗？"

妈妈："妈妈也很痛苦。"

刚才打过去的那一下让我觉得非常歉疚，看到孩子顶撞的样子我变得更有气无力，我几乎是用哀求的语气说了那句话。但孩子却说出了更令人痛心的话，看来民宇疯了。

民宇："妈妈不也是不够成熟吗？有时候会哭出来，把所有的情绪都发泄出来，想说的话都说出来，有时候还打骂我，有什么痛苦的？我是因为成熟，所以会选择忍耐，隐藏自己的感情。"

看来我真的不能再忍下去了。孩子的那句"妈妈把所有的情绪都发泄出来"让我无比的激愤。

妈妈:"我把所有的情绪发泄出来？妈妈想哭的时候都哭出来的话，地球早就被淹没了。"

但是孩子丝毫没有让步的意思。

民宇:"您知道要淹没地球需要多少水吗？不要说那种没有科学依据的话了。全世界的人流下的泪水加起来也不够淹没地球的。不要这么夸大其辞。"

妈妈:"跟你说话真费劲啊，简直就是对牛弹琴，算了吧。"

民宇:"不要这么不成熟。"

妈妈:"你才幼稚得可怜，臭小子！"

我又给了孩子一拳。到了这种地步，最好还是不要继续谈下去了。

愤怒到极致的我进屋之后大哭了一场。民宇之前我已经有两个孩子了，我自以为很了解青春期孩子的特点，而且也学了很久的非暴力沟通，但是却仍然没能做到自我同理，更没能做到同理孩子，实在是让我挫败和沮丧！

民宇是一个热心肠的孩子，感性而阳光。我很清楚要想恢复民宇的温情，就要给予同理倾听，不管在任何情况下都要给予爱，但我还是被孩子投掷过来的石头绊了脚，"哐当"摔了一跤，而且还是以惨不忍睹的样子。

再也没有比这还要完美的豺狗秀了！

孩子日记

我现在很伤心

"踢门"事件已经过了两个星期。考试期间我虽然没怎么用功学习，但平均成绩依然是 85 分以上。考试结束的前一天，朋友们提议考完试去电影院。其中有一个同学就是一起闯祸的同学，还有一个是在我们班里非常听话的同学，也是现任会长。我怕妈妈反对，所以没有说考完试要去看电影的事情，但是朋友的妈妈却把这件事情告诉了妈妈。

妈妈和爸爸联合起来阻止我看电影。太卑鄙了！不知道妈妈学习非暴力沟通的目的是什么……妈妈什么都不在乎，我当然也没有理由在乎。我现在太伤心了。

非暴力沟通思维

以怜悯与自己连结

全世界的妈妈在教育孩子的时候，都会经历很多矛盾和彷徨。她们对于自己的教育方法经常产生怀疑，因此常常会烦恼，事情过后也会频繁地后悔。

任何人都可能进行豺狗秀，重要的是豺狗秀结束后怎样与自己连结。

下面将介绍豺狗秀之后快速恢复与子女的关系并让子女感受到母爱的一种方法，那就是要同理自己，并做以怜悯连结自己的功课。

按照下面的顺序抚慰自己的灵魂和内心吧。我们将重新恢复给予爱的长颈鹿的态度。当以怜悯连结自己的时候，我们可以同理到进行豺狗秀的自己和不断反抗顶撞的孩子。

为了那些与正经历青春期的孩子们艰难对抗的父母们，下面介绍一种"以怜悯连结自己"的过程。

顺序：

1.记住后悔的事情。

2.体会自己的感受。

3.用观察来表达。

4.表达豺狗式想法。

5.寻找豺狗式想法背后的需要。

6.与未得到满足的需要和感受连结。

7.原谅自己。

8.基于需要的新的选择和对自己的请求。

以下是妈妈忏悔自己面对民宇时的豺狗秀，并原谅自己的过程，大家也可以按照以下介绍的过程，以爱与自己连结。

1.记住后悔的事情。

指责孩子不成熟并与他吵架的事情，打孩子的事情。

2.体会自己的感受。

想起那件事情，我现在依然伤心和难过，感觉对不住孩子。

3.用观察来表达。

学生家长提议考试结束那天让孩子们去看电影，我拒绝了，与孩子吵架，还打了孩子两下。

4. 表达豺狗式想法。

整理一下我实际上说出来的豺狗的语言和心里想到的豺狗想法以及表现出的豺狗态度。

"你想想这段时间自己的表现吧。"

"你骗了妈妈几次呀?"

"你这是干什么? 你是在跟妈妈示威吗?"

"我不管你,你能消停吗?"

"到底怎么样你才能清醒?"

"跟你说话真费劲,简直就是对牛弹琴……"

"你没有一件事情能做好,话还很多……"

"你要让妈妈忍到什么时候呀?"

"我不成熟? 到底谁不成熟呀? 你简直不可理喻……"

"你才幼稚得可怜,臭小子!"

"妈妈想哭的时候都哭出来的话,地球早就被淹没了。"

"你怎么会如此厚脸皮? 写了两次检讨书不说,还让妈妈多次接到班主任的电话,但从你这里却丝毫看不出对父母的歉疚感。你知不知道妈妈有多丢脸?"

"你学了这么久非暴力沟通有什么用啊,还不是一样吵架，太不像话了，太不像话了。"

我们有必要仔细分析我内心的豺狗。

非暴力沟通并不主张豺狗就是不好的或者禁止豺狗式的表达。拿出所有我心里的"豺狗"吧，我们会清楚地看到自己未得到满足的需要。让我们跟豺愉快地玩耍，并与我内心的长颈鹿牵手。

5. 寻找豺狗式想法背后的需要。

– 希望得到尊重。

– 希望孩子能成为诚实的人。

– 希望能好好沟通。

– 在教育孩子方面我已经尽了全力，希望能够得到理解。

– 希望孩子能够在学校快乐地学习和生活。那样我就可以放心了。

– 希望孩子能够得到老师的信任。那样我就能安心。

– 希望孩子能够自律。那样我就能信任孩子。

– 我看重内心的平和。

– 我很看重孩子的安全、安宁以及幸福。

－希望自己能学以致用。

6. 与未得到满足的需要和感受连结。

找到对于未得到满足的需要有何感受，充分体会这种感受，并停留在其中。

－遗憾

－难过

－悲伤

－郁闷

－失望

当连结到未得到满足的需要时，感到遗憾、难过、悲伤、郁闷、失望。充分停留在这种感受中，尽情流露悲伤（哀悼）。

7. 原谅自己。

体会自己即便做出豺狗秀，但依然不能说无愧于自己的人生，并停留在通过豺狗秀而希望得到满足的需要和感受。

－想从外部环境安全地保护孩子

－对于我看重的部分能够得到理解。

－想帮助孩子认识到自己的不足。

可以发现，互相攻击时有无法得到满足的需要，但也有想通过说狠话来得到满足的需要。我想通过这种巨型豺狗式表达攻击孩子，告诉孩子我的想法，让孩子理解我的想法。我想从外部环境安全地保护儿子。

我们所有的行为里面都有我们想要得到满足的需要和价值。

当变成长颈鹿而能够倾听自己的心声时，我们可以意识到自己一时冲动下的言行里面依然包含着想要得到满足的需要。

意识到即便做出让自己后悔的选择，我们也依然想为自己的人生做些什么，我们可以以怜悯连结自己，进而原谅自己。

8. 基于需要的新的选择和对自己的请求。

在通过以怜悯连结自己的过程中，我们可以让自己温暖的心得到恢复，变得清晰，进而可以选择新的需要。与此需要连结后再对自己提出请求。

"我想给孩子无穷无尽的爱。即便孩子做出什么言行，我依然希望能够用我的大爱怀抱孩子，让孩子感受到充分的爱，使他能够身心健康地成长。今后再与孩子发生冲突时，我要铭记我的需要，努力说出同理孩子的话语。"

非暴力沟通练习

"我也想成为长颈鹿妈妈！"

虽然民宇妈妈没能应用非暴力沟通的方式进行对话，需要重新练习将其转换为长颈鹿语言，但是通过这一练习，在出现其他矛盾的情况下，民宇妈妈也可以同理子女的爱，并发挥选择长颈鹿语言的力量。

把最具刺激性的语言转换成长颈鹿语言。

针对子女说出的最具刺激性的语言，面对并将其转换为长颈鹿语言，体会需要的能量。

1."您别用这种方式说话好不好，就说一句'别这样！'就好了。"

*长颈鹿耳朵朝内

观察：当听到"您别用这种方式说话好不好，就说'别这样！'就好了"时。

感受：妈妈很伤心，也很难过。

需要：妈妈需要交谈，希望妈妈的意见能够得到尊重。

请求：你是怎么想妈妈说的话的?

＊长颈鹿耳朵朝外

观察：当听到"您别用这种方式说话好不好，就说一句'别这样！'就好了"时。

感受：你是不是很郁闷？

需要：你需要清晰是吧？

请求：希望妈妈能够更具体的表达是吗？

2."妈妈你就是不成熟呀！"

＊长颈鹿耳朵朝内

观察：当听到你跟妈妈说："妈妈你就是不成熟呀！"时。

感受：妈妈觉得很荒唐，很不快。

需要：妈妈希望我们之间能够相互尊重和理解。

请求：下次能不以评价妈妈的方式，而是以观察的方式来表达吗？

＊长颈鹿耳朵朝外

观察：看你跟妈妈说"妈妈就是不成熟呀！"

感受：看来你心情不好。

需要：你希望得到尊重，希望相互理解是吗？

请求：听到妈妈的话，有什么感受？

　　我们很难做到事事都应用非暴力沟通。但并不是说不需要非暴力沟通。

　　当没能使用长颈鹿语言而以豺狗方式进行攻击的时候，我们可以平静下来倾听自己的心声，你们可以发现背后隐藏着的需要。当这样以怜悯之心与自己相连结的时候，我们就可以原谅自己。

第六章

使用力量的事情

妈妈日记

妈妈要使用力量了！

最近和民宇经常发生矛盾，我们的关系变得日趋敏感。青春期悄悄降临到无比乖巧的民宇身上，而且让我有了比民赫和艺瑟青春期时更加丰富的经历。想起民宇曾经那么喜欢帮妈妈做事，那么喜欢撒娇，可惜这种幸福的时光将一去不复返了。

那天我在跟民宇讨论学习。相比学习成绩突出且能够分辨好坏是非的艺瑟，或者时常考虑自己的前途并和父母商量的民赫，民宇实在差得太远了。民宇像个婴儿一样就知道撒娇、挑食，真是不知道学习之神何时才能降临到我家民宇身上！

妈妈："民宇，你回家之前妈妈刚接到辅导班打来的电话。妈妈吓了一大跳。听说上周有三次你都晚去了一个半小时，是吗？老师说在这之前你也经常迟到，这是真的吗？"

民宇："……"

妈妈："我记得你每天都是按时出门的，是出什么事情了吗？能跟妈妈讲讲吗？"

民宇："一起坐班车的那些孩子总诱惑我去网吧玩，所以……"

妈妈："那些孩子都是谁啊？能跟妈妈说说吗？"

民宇："不行，不能说。"

妈妈："为难是吧？"

民宇："我不想成为叛徒。"

妈妈："你觉得你跟妈妈说出他们的名字，就是背叛他们是吗？"

民宇："那当然。"

妈妈："上个月你也这样逃过辅导班的课吧？那时候我

只是跟你说了一声，就那么过去了。这次再被妈妈发现，绝不轻饶。"

民宇："那妈妈想怎么样?"

妈妈："妈妈要使用力量了。"

民宇："怎么使用力量?"

妈妈："妈妈要保护你，不能让你跟那些总逃课的学生一起玩。"

民宇："那算什么保护呀? 我不需要那种保护，我现在也是堂堂初中生了。"

妈妈："就算是初中生，妈妈也觉得有必要保护你，并且采取行动。现在开始，你别坐学校班车了，妈妈接送你去辅导班。"

民宇："妈妈! 这太丢人了，现在哪有父母跟着孩子去辅导班的?"

妈妈："丢人也要去。刚才妈妈已经说过了，我要保护你远离那些孩子，远离游戏。明天开始妈妈陪着你，就这么说定了。"

孩子日记

什么力量？

最近刚出了款新网络游戏，叫"吃鸡"，太有意思了！在家妈妈不让玩太久的电脑，所以只能去网吧，而且网吧的电脑比家里的电脑速度快多了！

在英语辅导班的等级提升之后，学习内容变得特别难，特别没意思。正好一起坐班车的明俊和成旭提议去网吧玩，所以有几次我们去网吧玩"吃鸡"导致迟到了。

我们三个不是一个班的，心想肯定不会被发现。我们运气很好，外教老师应该也不会发现。但是没有不透风的墙，妈妈还是知道了这件事情，这下完蛋了。但是我不能把明俊和成旭的名字说出来。以妈妈的性格肯定会往他们家打电话说出这件事情，家长们肯定会合伙监视我们。

妈妈说为了保护我要使用力量，这个力量就是陪着我坐公交车去辅导班上课。糟糕了，妈妈肯定说到做到，我该怎么度过这个危机？

非暴力沟通思维

使用以保护为目的的力量

民宇妈妈看着孩子不好好上辅导班，反而因为迷恋新出的游戏而逃课去网吧玩，为了保护民宇，妈妈做了要使用力量的表达。

作为保护民宇的方法，妈妈提出要确认孩子进了辅导班上课。民宇妈妈是在使用"以保护为目的的力量"吗？其实这很难说是为了保护而使用力量。

在非暴力沟通中，"以保护为目的的力量"应该是危机情况下用于保护生命和个人权利的。极端危机情况下没有进行对话的时间或对方没有进行对话的能力、对方没有进行对话的意愿时，为了达到保护的目的，可以使用"以保护为目的的力量"。使用"以保护为目的的力量"时，背后的意图是防止受到伤害或防止非法的事件发生。

妈妈试图以非暴力沟通的方式进行对话，但是在没有充分同理民宇的状态下，只是说出了自己想说的话。也许妈妈再放慢节奏，结果就会大不一样，她觉得有些遗憾。如果妈妈更深层地同理到民宇之后，能把焦点放到自己的需要和民宇的需要上，那么就能找到其他的解决方法。民宇对辅导班的学习有怎样的感受？是民宇的哪些需要未得到满足而对辅导班的课不感兴趣？民宇在网吧玩游戏的时候哪些需要能够得到满足？充分讨论完这些问题后，再说出民宇按时上辅导班能够满足妈妈怎样的需要，效果会更好。

那么，民宇的需要是什么呢？

应该是玩耍和自由，挑战和休息吧？那么妈妈的需要是什么呢？当民宇按时上下课并认真学习时，妈妈能够得到满足的需要会是什么呢？

也许妈妈希望民宇的英语能力有所提高，希望能够相信民宇，能够安心。如果民宇和妈妈能够互相同理对方的感受和需要，两个人理所当然可以找到同时满足双方需要的解决方法。

寻找方法并相互协商进行约定后，如果民宇无法遵守约定，那么妈妈就可以为了保护民宇的生活而使用力量。

例如，通过对话使双方达成一致，"如果为了玩游戏再旷课的话，接下来的一周之内就不能碰电脑了"，那么当民宇违反上述约定的时候，妈妈监督民宇一周之内不能玩电脑的行为就是使用了"以保护为目的的力量"。

以保护为目的的力量和以惩罚为目的的力量

在非暴力沟通中的力量可以分为"以保护为目的的力量"和"以惩罚为目的的力量"。如何分辨是为了保护子女而使用力量，还是为了惩罚子女而使用力量？只要分析使用力量的父母的意图就会非常明确。例如：当妈妈看到孩子站在朋友自行车的后座上感受速度带来的快感时，为了防止孩子安全受到威胁而阻止孩子，这种力量就是以保护为目的的。但是如果一味地责骂孩子"你疯了吧？太不像话了。掉下来脑震荡怎么办？"那么这个时候使用的就是以惩罚为目的的力量。

使用以保护为目的的力量时不能批评或评价子女，只需要将焦点放在想要保护的生命或人权上。但是使用以惩罚为目的的力量时肯定是通过批评或评价的方式试图改正子女的行为的。

父母在教育孩子的过程中打骂、惩罚孩子时，子女由于对打骂、惩罚产生恐惧心理而无法感受父母的爱。看着孩子做出危险举动时，如果惩罚孩子，那么孩子就无法理解父母有多么看重子女的健康和安全，反而会产生逆反心理，做出更危险的举动。

非暴力沟通练习

是保护？还是惩罚？

从下列句子中选择使用了以保护为目的的力量的语句。

1. 看着打开阳台窗户跟朋友打招呼的女儿，说道："赶紧关窗户回屋，以后不要打开阳台的窗户跟外面的人说话。"

2. 妈妈拿着成绩单说："成绩比上次有所下降，以后禁止使用电脑和手机。"

3. 因为担心感染新冠肺炎，爸爸要求刚从外面回来的孩子立即洗澡。

4. 抓住在饭店里面乱窜乱跳的孩子说道："这样有可能被烫伤，还会妨碍到别人吃饭，安静地坐下来吃饭。"

5. 对在饭店里乱窜的孩子说："如果你妨碍公共秩序，

就没有资格吃饭后的冰激凌。"

6. 为了保护孩子的身心健康，在电脑里安装了防淫秽程序。

7. 看着放学回来的孩子不洗手，大喊："你怎么没有卫生观念呀？懒散不说，还脏得要命。赶紧洗手去！"

8. "今天回来这么晚，去洗碗吧。"

9. "不带安全帽就不能滑旱冰。"

10. 看着孩子顶撞，爸爸因为生气用拳头打了他三下。

民宇对练习题的看法

1. 选择这句话，说明和我的想法一致。我觉得这是妈妈为了保护女儿的生命而使用了以保护为目的的力量。

2. 选择这句话，说明和我的想法不一致。在我看来，这就是对于成绩下滑这件事情做出的惩罚。

3. 爸爸担心孩子们感染新冠肺炎。爸爸希望孩子们健康安全，这是使用了以保护为目的的力量。

4. 正确！如果碰到端盘子的服务员就可能被烫到或被伤到。这是使用了以保护为目的的力量。

5.哎呀……选择了这句话，说明和我的想法不一致。因为在饭店里面乱窜，所以不能吃冰激凌，这是赤裸裸的惩罚。

6.这是使用了以保护为目的的力量！在我看来也是因为最近淫秽色情程序泛滥成灾。其实我也会偶尔通过各种渠道解除这些东西，不过还是会存在后遗症。就算安装防护程序，也不能完全阻止，还是需要父母的细心和关心。

7.如果妈妈用这种方式说话，我肯定不能接受。这不是使用了以保护为目的的力量。

8.这是惩罚！太可惜了。

9.我也同意这句话使用了以保护为目的的力量，运动的时候应该佩戴护具。

10.因为顶撞而被打，那么下次应该不会再顶撞爸爸了吧。但这只是为了避免挨打，并不是因为尊重爸爸。如果选择了这句话，说明和我的想法不一致。

第七章

感　谢

妈妈日记

子女是最好的礼物

今天是非暴力沟通的最后一节课。通过这段时间的学习，我在解决与孩子之间的矛盾的方法上产生了变化，而且在努力满足自己需要的过程中学会了如何关怀自己。

思来想去，决定给老师写几句感谢的话。

"老师！我现在非常开心，也很幸福。一直希望自己能做到尊重孩子，能够和孩子们保持亲密感的同时有效地沟通，通过非暴力沟通我学会了自己应该如何做。您让我发生了转变，在此郑重地感谢您。"

最后一节课的主题是"感谢",老师让我们回忆了一下对子女的感谢,并表达出来。以下是参加的妈妈们的回答:

"陪在我身边。"

"健康地成长。"

"阳光开朗。"

"努力以自己的力量生活。"

"就算被父母教训,但依然爱父母。"

然后向子女提问,在听到感谢语的瞬间,参加者们的回答如下:

"站在子女这边的时候。"

"满足我的心愿的时候。"

"为我做好吃的的时候。"

"能耐心地听完我的话的时候。"

"给予我信任的时候。"

"允许我玩的时候。"

"不唠叨,只是在一旁默默陪伴的时候。"

很好奇孩子们对父母有怎样的感谢,不知道什么时候能听到这些表达感谢的话语。

去年双亲节，三个孩子分别准备了康乃馨和卡片。

民赫："爸爸妈妈！谢谢你们给我们创造这么好的成长环境，教育我们和养育我们。祝你们双亲节快乐！"

艺瑟："我能够生活在充满笑声的家庭里面，感觉无比幸福。非常感谢爸爸妈妈生我、养我。"

民宇："非常感谢爸爸妈妈没有放弃我，依然耐心地教育我。爸爸妈妈，我爱你们。"

看着孩子们充满感激之情的卡片，我一整天都沉浸在幸福中。虽然孩子们看着不懂事，但他们心里却对生他们、教育他们、让他们和睦生活的父母有感激之情。真心地感谢对我们表达感激的孩子们。

非暴力沟通所说的长颈鹿式感谢包括以下三个要素：

① 贡献于我们健康生活 (well-being) 的行为。

② 得到满足的某种特定需要。

③ 通过满足某种需要而产生的愉快的感受。

使用上述三要素表达感谢时，对方可以具体了解自己贡献的方面，可以分享快乐。如果听到对方表达感谢后感到心里有负担的话，有必要在心中回顾这是否是评价。

在非暴力沟通中的"表达感谢"没有任何意图，而是一起庆祝，因为对方，我的生活变得多么丰富多彩。这种感谢方式不同于某种带有意图的称赞或感谢。

某种带有意图的称赞或感谢，一旦对方发现这种意图，那么从那一瞬间开始，称赞和感谢的意义便荡然无存。例如，当孩子听到"成绩比上次进步多了，下次肯定也会比这次更好，你是最棒的"时，如果子女把这句话当作鼓励的话，那么就会更加发奋学习。但是如果意识到这是为了让自己更加努力学习而称赞，那么真正的感谢之意就不复存在。如果某人称赞你说"因为你勤快，所以好看"，你会理解成"如果不勤快我就会难看"。

听到感谢的人同理倾听对方的感谢表达，会听出我们为对方的生活贡献的行动。听到表达感谢的人的感受和被满足的需要，庆祝彼此丰富多彩的生活，并欣然接受对方的感谢。

非暴力沟通建议以分享快乐为目的进行感谢的表达。

父母和子女之间的感谢

以下是青春期子女对父母表达的感谢：

"感谢您如此爱我。"

"感谢您生我养我。"

"感谢您陪在我身边。"

"感谢您一直支持我做想做的事情，所以我觉得很幸福。"

"感谢您让我受到良好的教育，让我充满力量。"

"就算生气也会真心帮助我的妈妈，我爱您。"

"感谢您理解我，我一直感到非常满足。谢谢您！"

发自内心的感谢会提高生活质量。子女本身就是父母的礼物。他们无形当中一直给予父母某些力量。

向青春期子女问道："用什么方式让父母高兴？"大部分孩子回答："健康地成长。"

除此之外，还有如下回答：

"善良。"

"一直幸福地生活。"

"照顾好弟弟妹妹。"

"成功。"

"送礼物。"

"让爸妈笑。"

"得到别人的认可。"

"创新能力。"

"我的存在本身。"

子女们同样是给予的人。记住，他们也在为父母的人生做贡献。

作者简介：

李仑静

现担任韩国非暴力沟通学院院长。2005 年开始学习非暴力沟通，2012 年从 CNVC(The Center for Nonviolent Communication) 得到国际认证培训师资格，2014 年开始在中国举办了数十次工作坊。

她认为，让人们心怀悲悯，相爱生活的方法之一就是非暴力沟通。她希望与非暴力沟通连结在一起的人生，能成为某些人的希望和蓝图。她非常关注每个人的疗愈和最基本的共同体——"家庭"的恢复。

她在韩国主要针对企业、医疗团队、父母和夫妻开办工作坊，通过多家电视媒体宣传非暴力沟通，并向多家杂志投稿。

金到炯

李仑静的大儿子。

上高中二年级的时候接受妈妈的提议，代表青春期的孩子写出了他们的心声。

目前在大学专攻海洋科学。从 5 岁开始，他就思考"我是怎样的存在？我为什么来到人间？"的问题，目前还没有得到答案。他希望能够觉察、实现自己真正想要的生活。

希望在青春期写的这本书能够帮助所有青春期少年和他们的父母变得更加幸福。

图书在版编目（CIP）数据

青春期的非暴力沟通 /（韩）李仑静,（韩）金到炯著；崔圣花译. -- 北京：中国青年出版社, 2021.1（2023.4 重印）

ISBN 978-7-5153-6308-0

I. ①青… Ⅱ. ①李… ②金… ③崔… Ⅲ. ①青春期—家庭教育 Ⅳ. ① G782

中国版本图书馆 CIP 数据核字 (2021) 第 029516 号

著作权合同登记号：01-2021-1110
아이는 사춘기 엄마는 성장기
　——사춘기 내 아이와 마음이 통하는 비폭력대화 이윤정 2010
中文简体字版权 © 北京中青心文化传媒有限公司 2021

青春期的非暴力沟通

作　　者：[韩] 李仑静　[韩] 金到炯
译　　者：崔圣花
责任编辑：吕娜　王超群
书籍设计：瞿中华
出版发行：中国青年出版社
社　　址：北京市东城区东四十二条 21 号
网　　址：www.cyp.com.cn
经　　销：新华书店
印　　刷：三河市万龙印装有限公司
规　　格：787×1092mm　1/32
印　　张：9
字　　数：300 千字
版　　次：2021 年 6 月北京第 1 版
印　　次：2023 年 4 月河北第 2 次印刷
定　　价：69.00 元
如有印装质量问题，请凭购书发票与质检部联系调换
联系电话：010—65050585